단지 담배 한 모금 참았을 뿐인데

상대방의 마음을 얻을 수 있는 네 가지 비법

단지 담배 한 모금
참았을 뿐인데

박재휘 지음

| 추천사 |

자전적 경험담을 스토리텔링 형식으로 정리한 휴식처와도 같은 책

– 서정욱 변호사

아무리 시대가 변하고 과학기술이 발전해도 우리가 소중히 지켜온 인간에 대한 연민과 이웃에 대한 따뜻한 사랑, 그리고 부모님과 어르신에 대한 공경심은 함부로 무시하거나 버릴 수 없는 귀중한 자산이자 자랑거리이다.

하지만 이처럼 우리가 자랑스럽게 여겼던 공경심이나 이웃과의 정감어린 나눔의 정신 등 고유의 전통예절이 점차 사라지고 있다. 물질만능에 익숙한 일등주의와 무한경쟁이 그 빈 곳을 채워 가면서 우리 삶이 더없이 팍팍하고 각박한 상황으로 내몰리고 있다.

이러한 시점에 모처럼 사람 냄새가 물씬 나는 반가운 책이 나왔다. 바로 박재휘 교수가 쓴 『단지 담배 한 모금 참았을 뿐인데』이다.

저자인 박 교수는 30년 이상 국가공무원으로 근무한 후 그 쓰

임과 능력을 인정받아 현재 대학교수로서 제2의 인생을 영위하고 있다. 사람들과 어울리기를 좋아하고 가만히 소주잔만 기울이고 있어도 주위 친구들이 금세 편안함을 느끼는 그런 사람이다.

과거 공직자로서 수행한 업무에 대해 물어보면 "사람장사 하다 보니 30년이라는 세월이 금방 지나간 것 같다"며 가볍게 웃어넘긴다. 지면으로 세세하게 밝히지 못해서 그렇지 분명 굵직굵직한 외교미션들을 충실히 수행했을 것으로 짐작된다.

이 책은 저자가 어릴 때 부모님에게서 교육받은 어르신에 대한 공경심과 인간에 대한 따뜻한 정을 잊지 않고 피부색과 인종이 다른 외국에서도 그대로 실천함으로써 사람들에게 감동을 주고 마음을 얻을 수 있었던 경험들을 담고 있다. 독자들은 책을 읽으며 한번쯤 스스로를 돌아보게 되고, 살아가는 데 도움이 될 엄청난 '비법'도 발견하게 될 것이다.

바쁜 일상에서 마주치는 사람들과 인간관계를 만들어가는 과정을 담담한 언어로 표현했지만 그 속에는 깊은 철학과 인간적 향기가 묻어난다. 아무쪼록 이 책이 독자들에게 많은 사랑을 받게 되기를 기대한다.

인향人香을 실천해온 저자의 발자취

- 김대은 한국미디어저널협회장

'화향백리花香百里 주향천리酒香千里 인향만리人香萬里'라는 말이 있다. 꽃의 향기는 백 리를 가고 술의 향기는 천 리를 가나 사람의 향기는 만 리를 간다는 얘기다. 인향만리는 사람의 인품과 좋은 이미지가 세상에 널리 퍼진다는 말이다. 그만큼 사람의 인품과 이미지는 다른 사람의 마음에 깊은 여운을 남긴다.

세상의 모든 사물에는 나름대로 향기가 있고 달리 보이는 게 있다. '꽃'하면 우선은 겉으로 보이는 아름다움이 떠오른다. 그 아름다움 뒤에는 그윽하고 오래 기억되는 향기가 있다. 그 향기는 눈에 보이지 않는다. 우리는 꽃의 자태뿐만 아니라 그 향기까지도 늘 기억하고 좋은 추억으로 간직한다.

우리가 살아가는 인간 세상도 이와 같다. 몸은 멀리 떨어져 있어도 가끔은 안부를 묻고 싶고 궁금해지는 사람이 있다. 그 사람이 바로 이 책의 저자인 박재휘 교수다.

그와 함께한 시간들이 오랫동안 잊혀지지 않는다. 좋은 추억이라서 더욱 그렇다. 그와 대화를 하고 나면 뭔가 가슴이 따뜻해지고 여운이 남는다. 이런 인연은 시간이 지나가도 좋은 기억들로 오래 남게 된다. 이는 바로 인향人香을 전하는 것이요 그 향기가 만리萬里를 가는 이유다.

 사람이 살아가면서 타인에게 선한 영향을 미치며 살 수 있다면 얼마나 좋을까? 모든 사람들의 바람이고 소망일 것이다. 그러나 나같은 장삼이사에게는 쉬운 일이 아니다. 일상에서 알고 지내는 사이라 하더라도 내가 어떤 평가를 받을지는 오로지 그 평가자의 몫이다. 의도적이거나 일시적인 가식으로는 될 일이 아니다.

 그만큼 상대로부터 좋은 평가를 받고 살아간다는 것은 어려운 일이다. 나를 생각하며 안부를 물어주는 사람이 있다면 더더욱 인연에 깊은 감사와 애정을 느끼게 된다.

 저자와 나는 지나온 삶에서 짧았든 길었든 서로 겹치는 인생 공통분모가 있었다. 그것은 그 사람과 떨어져 있는 거리와도 상관없다. 내 삶의 나이테가 늘어갈수록 더욱더 그렇게 생각된다. 누구에게나 더 낮아지고 더 겸손하지 못했음에 아쉬움만 남는다.

 이 책을 읽으면 어려웠던 시절 도움을 받은 분들을 찾아뵙고 고마웠다는 인사를 꼭 전하고 싶어질 것이다. 상대가 누구든 간에 내 삶에 영향을 주었던 모든 분들에게 말이다.

 내 마음과 뜻을 다해 조그마한 선물과 함께 찾아가는 인향人香을 실천해 보고 싶다. 봄빛에 휘날리듯 과거의 진 빚들을 갚고 싶다.

차 한 잔의 여유와 지혜

– 최경식 보스턴대학교 교수

박재휘 교수님은 미국의 젊은 한국인 교수들을 만날 때마다 늘 '한국인으로서 자부심을 갖고 우리 문화를 미국에 알릴 수 있도록 노력하자'고 강조하셨다. 그 중 핵심은 우리의 전통 예절이 누구에게든 감동을 줄 수 있다는 것이었다.

처음에는 미국에서 우리의 전통 예절을 고수하는 것이 '낡은 것'이라는 생각에 교수님 말씀이 크게 와닿지 않았다. 하지만 20년 이상의 시간을 미국에서 보낸 지금 와서는 한국의 뿌리를 지키며 태극기를 자랑스럽게 가슴에 품을 수 있는 힘이 되고 있다.

이 책은 우리의 예절이 세계 어디에서도 적용되는 소중한 가치라는 것을 경험담을 통해 쉽게 이야기한다. 국제화시대에 한국의 미래를 이끌어갈 젊은 세대와, 인생의 중반부를 전력을 다해 달리고 있는 중년 세대들에게 차 한잔의 여유를 갖고 지난 시간을 돌아보며 미래를 계획할 수 있는 지혜를 전달한다.

우리의 최고 강점인 예절을 세계에 전파하고, 세계 각지의 사람들에게 우리 문화의 멋진 면모를 알리는 데 큰 도움이 될 수 있는 책이다. 일독을 강력 추천한다.

| 들어가는 글 |

인간은 태어나면서부터 누군가와 관계를 맺고 살아간다. 상대방과 관계를 유지하면서 원하는 것을 얻는 것은 의식적으로나 무의식적으로 상대방의 마음을 먼저 움직여야 가능하다. 그만큼 매우 델리케이트delicate 하면서도 어려운 작업을 거쳐야 한다.

  타인과 좋은 관계를 유지하면서 원하는 바를 성취하는 과정을 두고 세계적인 저명학자나 전문가들이 다양한 학술적 이론에 근거한 특수 원칙이나 기법들을 제시하고 있다. 하지만 우리가 세상을 살아가면서 협상이든 마케팅에서든 원하는 것을 얻기 위해서는 결국 상대방의 마음을 얻어야만 비로소 가능하다고 할 수 있을 것이다.

  같은 매장의 물건을 방금 다녀간 다른 손님보다 훨씬 저렴한 가격에 구입하는 사람, 근무시간이 지났는데도 회사 내규를 어겨가면서까지 방문객의 요구사항을 자신의 일처럼 꼼꼼히 챙겨 마무리해 주는 서비스센터 직원, 화려한 언변을 갖추지 못한데다 프레젠테이션 자료준비도 엉성하지만 낡은 가방에서 꺼내든, 한눈에 봐도 평생 간직해온 것처럼 보이는 자필 메모장 하나로 까다

롭기로 소문난 투자사 결정권자의 마음을 움직여 거액의 사업자금을 즉석에서 얻어내는 중소업체 경영자... 이런 우리 주변의 사례들은 '원하는 것을 성취하는 것은 결국 상대방의 마음을 얻었을 때 가능하다'는 사실을 보여준다.

우연찮게 인간관계를 잘 맺어둔 한 이웃과의 좋은 인연으로 인해 생각지도 못했던 프로젝트 수주에 성공하기도 하고, 목숨이 경각에 달린 일촉즉발의 위기상황에서 극적으로 생명을 구하기도 한다. 이러한 사례를 접하노라면 평소 자신의 주변을 둘러싸고 있는 그 누군가의 마음을 얻는 것은 소소한 것 같아 보이지만 어떤 의미에서는 인생에서 가장 소중하고 중요한 것일 수도 있다는 생각이 든다.

외부 공공기관이나 민간단체로부터 협상기법이나 유사한 주제로 특강을 해달라는 요청을 종종 받는다. 이럴 때는 당연히 관련 분야에 대한 다양한 서적을 읽고 준비해야 하지만, 늘 머리속에서는 '어떻게 해야 참석자들의 호응을 얻으면서 그들의 마음을 얻어낼 수 있을까?' 하는 생각부터 먼저 떠올리게 된다. 주제와 대상은 달라도 그날 특강이 성과를 거두기 위해서는 참석자들의 호응과 공감을 이끌어내야 하기 때문이다.

솔직히 내 마음 하나도 쉽게 컨트롤할 수 없는 현실에서 자신과 상대하는 타인의 마음을 움직이고 원하는 바를 얻어낸다는 것은 굉장히 어려운 일이다. 친구와 휴일에 가까운 동네 산이라도 등산을 하자고 철석같이 약속을 해 놓고선 공교롭게도 전날 갑작스런 번개모임으로 술자리라도 갖고 나면 새벽에 잠을 깨우는 알람소리가 몹시 귀찮고 성가시게 여겨진다. '모처럼 휴일인데 차라리 몸이 아프다는 핑계를 대고 등산을 취소하자고 양해를 구할까', '아니면 집안에 큰일이 생겨 등산을 미루자고 거짓말을 할까' 등 친구와의 약속을 모양 좋게 빠지기 위한 핑계거리를 궁리했던 기억이 한번쯤은 있을 것이다.

현대사회의 특성상 잠시라도 혼자 생활할 수 없고 누군가와 관계를 맺으며 살아갈 수밖에 없는 현실에서 내가 아닌 상대방의 마음을 얻어낸다는 것은 그만큼 어려운 일이다.

한번은 남자 대학원생들만 참여한 강의 도중에 '자신의 목숨을 걸어도 아깝지 않을 만큼 사랑스럽게 여겨지는 여자 친구와 막 교제를 시작했을 때 그 친구의 손목을 별 탈 없이(?) 잡으려면 어떻게 해야 할까?' 라는 질문을 던진 적이 있다. '상대방이 원하는 깜짝 선물을 해주고 감동을 주면서 자연스럽게 손을 잡는다', '깜짝 이벤트를 만들어 손목을 잡을 수밖에 없는 상황을 유도 한다' 등 각양각색의 아이디어들이 쏟아져 잠시 웃음바다가 됐다.

물론 억지로 손을 잡거나 순간적인 트릭을 동원하면 한번은 성공할 수 있을 수 있다. 그러나 그걸로 끝일 것이다. 상대방이 마음을 움직여 스스로 동의해주지 않는 상태에서 이루어진 손잡기는 결코 진정한 성공이라고 할 수 없다. 본인이 원할 때마다 여자 친구의 손을 마음껏 잡을 수 있으려면 결국 마음을 얻었을 때 가능하다는 결론에 모두가 동의하면서 그날 나머지 수업의 집중도를 높일 수 있었다. 그렇다. 어떠한 상황이든 상대방을 두고 이루어지는 인간관계 속에서 자신이 원하는 바를 얻어내는 것은 어떻게 해서든 상대방의 마음을 먼저 얻어내야만 가능한 일이다.

처음 자전적 에세이를 쓰겠다고 마음을 먹었을 때는 '어떻게 상대방의 마음을 움직이고 원하는 것을 얻을 수 있을까?' 라는 큰 주제 앞에서 '내 마음 하나도 제대로 잡지 못하고 있는데 다른 사람들에게 무슨 도움을 줄 수 있을지'에 대한 두려움으로 포기해버릴까 하는 생각도 들었다.

그러다가 누군가를 학문적으로 가르치거나 특별한 이론이나 지식을 전달하기보다는 그저 지금까지 국내외에서 마주한 사람들을 상대하는 과정에서 겪었던 소소한 경험담과 소회를 스토리텔링 형식으로 정리하여 공유하면 나름대로 의미가 있겠다는 생각에 용기를 내어 집필을 끝낼 수 있었다. 때로는 전혀 의도하지도 않은 상황에서 운좋게, 또 어떤 때는 반드시 이루어내겠다는 목표 하에 사전 치밀한 준비와 계획에 따라 대상자의 마음을 얻어낼 수 있었던 경험들이다.

이 책에서는 그간 대학 강의나 외부 강연에서 자주 인용하곤 했던 사례들로 주로 외국에서 생활하는 과정에서 마주했던 사람들과 얽힌 이야기를 모았다.

우리나라의 미풍양속인 전통예절에 따라 인종과 피부색이 다른 외국인 노인이라도 우리 부모님이라는 생각을 하면서 그들의 면전에서 담배 한 모금 참고 인사 한 번 잘해 드리거나, 아무도 보는 사람이 없더라도 마치 누군가가 우리 행동거지를 항상 지켜보고 있다고 생각하면서 공중도덕 하나만 잘 지켜도 상대방의 마음을 얻어 예상하지 못한 행운으로 연결될 수 있었던 경험담 등을 4개 카테고리, 19개 에피소드로 정리했다.

이 책을 읽는 독자들이 필자의 생각에 어느 정도 공감하면서 일상에서 마주하게 되는 사람들과의 관계를 잘 형성하는 데 조금이나마 보탬이 되기를 소망해 본다.

2023년 5월

박재휘

목 차

- 추천사 4
- 들어가는 글 9

Chapter 1. 아주 작지만 소중한 것

01 단지 담배 한 모금 참았을 뿐인데 19
02 큰절 한 번으로 고기반찬은 언제나 내 차지 31
03 작은 친절 하나로 생명의 은인을 만나기도 40
04 정성을 다하는 마음 49

Chapter 2. 인간적 친근감, 마음을 얻는 길

01 전화 한 통으로 마음을 사로잡다 59
    이 생각 저 생각 - 1 아버지와의 핸드폰 통화
02 가장 확실한 계약서는 문서가 아닌 신뢰 78
03 상대의 아픔을 진정으로 함께 나눠야 85
04 사랑으로 되돌려 받은 작은 인연 94
    이 생각 저 생각 - 2 아버지의 웃음

05 세상은 1등만 기억하는 것이 아니다 *105*

06 상호 원원하는 관계를 만들어야 *111*

Chapter 3. 강한 인상 심어 주기

01 아무도 예상하지 못한 상황에서 부리는 멋 *123*

02 처음 석 달만 고생하면 나머지 3년이 편하다 *131*

　　　이 생각 저 생각 - 3   아버지의 거짓말

03 누군가가 늘 지켜보고 있다 *141*

04 게임에서 지고도 상대를 이기는 지혜 *153*

05 누구나 간절히 원하는 것은 있다 *162*

　　　이 생각 저 생각 - 4   아버지께도 연애 감정이 남아있었을까?

Chapter 4. 칭찬과 용서의 힘

01 다른 사람이 해주는 칭찬 *175*

02 때와 장소에 따라 주인공은 달라져야 *182*

03 용서의 묘미 *189*

04 때로는 정공법으로 나가는 것도 필요 *203*

Chapter 1

아주 작지만 소중한 것

01 단지 담배 한 모금 참았을 뿐인데

02 큰절 한 번으로 고기반찬은 언제나 내 차지

03 작은 친절 하나로 생명의 은인을 만나기도

04 정성을 다하는 마음

01

단지 담배 한 모금
참았을 뿐인데

직업상 비교적 젊은 나이부터 외국을 돌아다니다보니 필자는 현지인은 말할 것도 없고 해외에 거주하는 한국인들과 접촉할 기회가 많았다. 외국에서 만나는 한국인들은 단기간 방문하는 비즈니스맨은 물론이고 유학생과 지상사원, 그리고 해외에서 장기 정착을 염두에 두고 체류 중인 사람 등 참 다양하다. 그 목적이나 대상은 달라도 누구나 다 낯선 이국땅에서 한국사람뿐 아니라 현지 외국인들과 필연적으로 관계를 맺고 살아가야 한다.

MZ 세대는 물론 인터넷세대라고 불리는 신세대들에게는 다소 생경스럽고 상상하기 힘들지 모르겠지만 80년대 후반 필자가 해외근무를 시작할 때만 해도 우리나라 정부에서 발행된 여권을 만들어 지금처럼 자유롭게 외국을 돌아다니는 것이 그리 쉽지 않았다. 특히 당시 소련이나 동유럽 국가들이 주로 해당되겠지만 우리나라와 정식 외교관계가 수립되지 않았던 미 수교국을 방문하려면 반공연맹이나 유사 기관에서 시행하는 보안교육을 먼저 받아야 했다. 그런 다음 교육을 이수했다는 교육필증을 제출해야만 해당국가로 출국이 가능했다.

지금은 시간적 여유나 경제적 사정이 허락하지 않아서 그렇지 누구든 마음만 먹으면 심지어 당일에도 해외로 출국이 가능한 시대에 살고 있다. 그러다 보니 여권을 소지하고 있다는 사실만으로도 뭔가 특별한 사람이라도 된 듯 여겨지던 시절과 비교하면 격세지감이 느껴진다.

나라와 문화는 달라도
느끼는 감정은 대동소이

대다수 한국인들은 외국에 나가서도 직업 외교관 못지 않게 문화 선진국 국민으로서의 품위와 예의범절을 잘 지키며 생활한다. 그러나 극히 일부 사람들은, 흔히 남성들의 소소한 일탈을 빗대어 '예비군 훈련장에서 예비군복만 입혀놓으면 누구나가 다 똑같은 사람이 되어 버린다'고 말하듯, 비행기를 타고 나가 외국에 발을 내딛는 순간 국내에서와 전혀 다른 사람이 되기도 한다. 일상에서 벗어나 환경이 바뀌면서 나타나는 일종의 해방감에서 비롯된 것인지 모르겠다. 아마도 직장인들의 경우에는 그간 자신의 위치나 지위를 성취하고 지켜내기 위해 매순간 풀 수 없었던 경계심이나 긴장감에서 벗어나게 되고, 출장기간 동안 적어도 낯선 타국에서는 자신의 얼굴이나 존재를 알아보는 사람이 없을 것이라는 익명성 보장 심리에 따라 국내에서와 전혀 다른 행동패턴을 보이는 것 같다.

유학생들의 경우에도 외국에서 만난 친구들과 그릇된 관계를 맺어 지금까지 국내에서 잘 지켜오던 삶의 가치를 한순간에 나락으로 떨어뜨려 버리는 행동을 보여 안타까움을 자아내기도 한다. 그간 가정에서 부모님의 보호와 과도한 감시감독(?)하에 상상만 했지 절대 누려보지 못했던 자유스러움과 오래전부터 동경해왔던 자신만의 새로운 생활패턴을 누구의 간섭도 받지 않고 현실세계로 만들 수 있어서 그럴 것이다.

한국에서 만났더라면 분명히 한눈에 봐도 참으로 단정하고 예의바르게 보였을 여자 유학생이 평소 스타일과 어울리지도 않아 보이는 국적불명의 이상한 의복을 걸치고선 마치 오래 방치된 빈 술병처럼 공공장소에 널브러져 있는 모습을 연출하는 경우도 있다. 군 복무도 채 마치지 않은 것으로 보이는 앳된 남자 유학생이 한눈에 봐도 자신의 아버지나 할아버지뻘 되어 보이는 외국 노인들 앞에서 경박스럽게 술병을 마구 흔들고 담배를 피워대면서 주변의 시선을 끌기도 한다. 서울에서는 늘 젠틀맨으로 신망을 받고 있던 엘리트 기업 회사원이 무슨 영문인지 외국에 출장만 나가면 마치 개선장군이라도 된 듯 지갑을 흔들면서 기념품가게 점원을 자기 마음 내키는 대로 혼내는 무례한 행동을 하기도 한다. 잘 알려진 시내 식당이나 공공장소에서 공중도덕을 지키지 않고 침을 뱉거나 큰 소리로 욕지거리를 해대거나 해서 주위 사람들의 따가운 눈총을 사는 사람들도 어렵지 않게 목격되곤 했다.

유럽과 미국 등지에서 비교적 오래 근무한 데다 출장과 여행으로 50여 개국 이상 돌아다니면서 다양한 국적의 외국인들과 관계를 맺어온 필자는 아직도 나라와 문화가 다르고 머리카락이나 피부, 눈 색깔이 달라도 사람의 감정은 대동소이하며, 우리나라 사람들에게 좋게 보이는 행동거지와 예절은 외국인들도 마찬가지로 좋아하면서 더욱 우리를 존중한다고 굳게 믿고 있다.

필자와 세대를 같이하고 있는 사람들이라면 쉽게 공감할 수도 있을 것 같은데, 어릴 때 우리 부모님들은 자식들에게 이것저것 참 많은 것을 가르치려고 하셨다. 시골에서, 그것도 종손 역할을 하신 부모님에게서 태어난 필자는 길거리에서 동네 어르신들을 만나면 가던 길을 멈추고 제자리에서 공손히 인사를 드려야 한다고 누누이 교육받았다. 집에 어르신이 찾아오거나 또는 남의 집을 방문할 때면 일단 어르신들께 큰절부터 하고 집안으로 들어서라는 잔소리도 수도 없이 듣고 자랐다. 심지어 매일 같이 식사하고 가끔씩 잠도 같이 자는 할머니와 할아버지께는 친척집을 며칠 다녀오거나 수학여행으로 며칠만 집을 비웠다가 돌아와도 반드시 대청에서 큰절부터 하고 집안으로 들어와야 했으며, 그러지 않았을 때는 심하게 혼이 났다.

그러다보니 부모님으로부터 받았던 기본적인 가정교육이 무의식적으로 기억에 남아 환갑이 지난 지금도 공공건물이나 아파트 엘리베이터같은 데서 순간적으로 다른 사람과 마주치면 어른이든 어린학생이든 가릴 것 없이 자연스럽게 목례부터 하는 버릇이 습관처럼 되어버린 것 같다.

아이러니하게도 어릴 때 그토록 듣기 싫어하고 귀찮아했던 부모님의 잔소리 섞인 가정교육 하나가 외국생활을 하고 현지인들과 만나는 과정에서 뜻하지 않은 행운으로 돌아온 경험을 많이 하면서 부모님의 지혜를 새삼 발견하게 되었다. 현지에서 만난 어르신들께 특별히 값비싼 선물을 하거나 식사대접을 하지 않고도 결과적으로 사람들의 마음을 얻어 원하는 것을 쉽게 이룰 수 있게 되고 경우에 따라서는 예상하지도 못한 큰 행운으로 돌아오기도 했다. 그 나라의 문화나 생활습관이 우리와 달라도 우리 부모님이나 이웃 어르신들을 대할 때와 똑같이 예의범절을 갖추고 단지 웃는 얼굴로 인사 한 번 잘 하고 '어르신들 앞에서 그저 담배 한 모금만 참았을 뿐인데' 말이다.

공관장이 그토록 알고 싶어 한 '특별한 비결'

지금은 누구나 인터넷에서 공관 홈페이지만 들어가봐도 세계 각국에 소재한 우리 공관의 위치와 역할, 구성원 연락처 등을 손쉽게 접할 수 있어 이미 많은 사람들이 우리 공관 운영에 대해 잘 알고 있을 것이다. 통상 대사관은 우리나라와 수교를 맺은 국가의 수도에 설치되어 공관장인 대사와 그 외 공관장 업무를 보좌하는 서열에 따라 공사, 참사관, 서기관, 영사 등 여러 직렬의 공관원이 근무한다.

물론 상대국이 차지하는 비중이나 중요도에 따라 5인 이하 공관원이 근무하는 소규모 공관과 7-8명 정도의 중급 공관을 비롯하여 정부 주요부처에서 파견된 주재관 숫자에 따라 수 십 명 이상의 대규모 공관 등 해외에 상주하는 다양한 형태의 작은 정부 같은 역할을 한다. 또한 미국이나 일본 중국과 같이 우리 교민들이 많이 거주하는 국가에는 수도에 있는 대사관과 별도로 교민 밀집지역을 중심으로 주요 지역별로 총영사관을 두고 있는데, 총영사관에는 공관장인 총영사와 이외 총영사 업무를 보좌하는 영사들이 근무한다.

90년대 동유럽 소재 한국 대사관에서 근무할 당시 필자는 1등 서기관이라는 대외 직명을 갖고 있었다. 그리 눈에 띄지 않을 수도 있는 1등 서기관 직책으로는 개인적으로 인간관계를 맺고 친분을 이어나가기가 그리 쉽지 않았음에도 불구하고 필자는 그 나라의 내로라하는 실권자와 아주 가까운 친분을 유지했다.

한번은 매주 열리는 공관원 전체회의가 끝난 뒤 공관장이 필자를 따로 불렀다. 그러고는 "주재국 정부에서 초청하는 공식 리셉션이나 행사장에서 조우하게 되면 웬만한 사람들이 인사를 건네도 제대로 아는 척도 않고 건성건성 대하는 분이 있는데, 나와 마주칠 때는 항상 웃으면서 먼저 다가와 자네의 안부를 묻는다"면서 필자를 잘 봐달라고 부탁을 하는 듯하는 눈빛으로 호감을 보이고, 공적인 업무 처리과정에 있어서도 언제나 우리나라 편에서 우호적인 입장을 보여주고 있다고 말했다. 그러면서 대외 직책이 높지 않고 나이도 많지 않은 필자가 어떻게 그런 유력 인사와 돈독한 개인 친분관계를 맺었는지 궁금해 하며 특별한 비결을 알려달라고 농담조로 물었다.

그만큼 당시 그 분은 연령이 많은데다 주재국 정계에서 차지하는 영향력이 대단한 분이었다. 사실 필자는 그 분과 단순한 관계를 넘어 거의 부자지간이라고 해도 과언이 아닐 정도로 친분을 유지했다. 여기에서 일일이 다 밝힐 수는 없지만 우리공관에서 필요로 하는 업무상 난이도가 있는 문제도 그 분을 통해서 쉽게 해결할 정도로 수시로 도움을 받았다.

지금 돌이켜 생각해 봐도 당시 그분이 공·사적으로 도움을 주지 못해 오히려 안타까워할 정도로 필자를 친아들처럼 아끼고 보살펴준 계기는 아주 단순한 사건(?)에서 비롯되었다. 우리 공관장이 그렇게 알고 싶어 했던 비결은 다름 아니라 '어르신 앞에서 그저 담배 한 모금 참았을 뿐'이었던 것이다.

친아들처럼 아끼는 관계가 되다

그분과 친분을 맺기 위해 고가의 선물을 한 것도, '뇌물'을 갖다 바친 것도 아니고 웬만한 우리나라 젊은이라면 누구나 할 수 있는 우리의 전통예절 가운데 하나인 어른에 대한 공경심을 진심으로 표했을 뿐인데 그게 상대방을 그토록 감동시킬 줄은 솔직히 나도 몰랐다.

어느 날 우연한 계기에 단둘이서 식사자리를 가질 기회가 있었는데 당시 70대 후반이신 그 분은 애연가로서 식사 도중에도 담배를 피울 정도로 줄담배를 즐기는 스타일이었다. 첫 만남에서 혼자서만 담배를 피우는 게 미안했던지 "미스터 박! 담배 피워도 되니까 어서 즐기라"고 권했다. 30대 중반으로 역시 흡연가였던 필자는 순간적으로 '해외에서 아무도 보는 사람도 없는데 까짓거 못 이기는 척하고 담배 한 대 같이 피워버릴까' 하고 잠시 갈등을 했다. 하지만 아무리 보는 사람이 없다고는 하나 당시 우리 아버지보다 나이가 많은 어르신 앞에서 담배를 피운다는 게 익숙하지 않는 데다 어릴 적 부모님으로부터 배운 예의범절에 맞지 않는다는 생각에 도저히 맞담배를 할 수 없었다. 그냥 웃으면서 "저는 비흡연자로서 담배를 피울 줄 모릅니다" 하고 대답하고는 흡연 욕구를 참았다.

그 분은 필자가 입고 있던 양복 윗도리 사이로 삐져나온 하얀 와이셔츠 주머니에 말보로 담배가 꽂혀있는 것을 발견하고는 빙그레 웃으며 재차 흡연을 권했다. 필자는 "사실 저도 흡연가입니다만 위원장님을 뵈니 꼭 고향에 계신 아버지같다는 생각이 들어 담배는 나중에 혼자 있을 때 피우겠습니다" 하고 대답을 했는데 필자의 행동이 그 분의 마음에 들었던 모양이다. 사실 그분은 과거 북한을 방문하여 최고위층과도 만나는 등 개인적 교류가 있는데다 우리나라도 방문한 경험이 있어 어른을 공경하는 우리의 전통문화에 대해 어느 정도 이해도가 있어 필자가 자신을 아버지와 같은 어르신으로 공경하기 위해 비흡연자라고 거짓말을 한 사실을 알았고 또 그것이 그리 싫지는 않았던 것 같았다.

이후 그 나라에서 흔하게 볼 수 있는 유명 상표의 보드카를 개봉해서 마시는 상황으로 이어졌다. 각 나라마다 음주문화는 다소 차이가 있겠지만 보통 서양에서는 손님을 초대한 호스트가 술을 권할 경우 상대방은 우리나라에서처럼 술잔을 받쳐 들거나 특별한 리액션을 취하지 않고 그대로 술잔을 탁자에 놓고 앉아서 받는 게 일상이다. 필자는 단순히 아버지보다 연세가 높은 분이 술을 따라준다는 생각에 마치 우리나라에서 어르신들이 술을 권하실 때 취하는 방식대로 양손으로 술잔을 받쳐 들고 고개를 약간 숙이며 감사의 마음을 표하는 자세로 술을 받았다.

그랬더니 그 분은 한동안 무언가를 생각하더니 갑자기 자리에서 일어나 내 앞으로 다가와서는 잠시 일어나 보라고 하고선 필자를 껴안았다. 그러고는 얼굴을 부비면서 마치 아버지가 아들을 바라볼 때와 같은 다정한 눈빛으로 "앞으로 주재국에서 근무하는 동안 부자지간으로 한 가족같이 지내고 싶다"고 말하며 인간적인 친밀감을 보였던 것이다.

그날 첫 만남 이후 그분은 생일이라든가 가정 내 특별한 이벤트가 있을 때면 어김없이 필자를 자신의 집이나 별장으로 초대했다. 그러고는 친지들이나 동석한 주재국의 고위관리들에게 '친아들처럼 여기고 있는 사람'이라고 일일이 소개시켜 주는 등 아낌없는 애정을 보여주었다. 그 나라에서 근무를 마치고 귀국할 때까지 우리공관에서 필요로 하는 사항을 마치 자신의 일처럼 돌보아 주었으며, 앞에서 잠깐 언급한대로 공식행사 등 우리 공관장과 만날 기회가 있을 때에는 어김없이 필자의 상관인 공관장에게 '자신이 아들처럼 아끼는' 필자를 잘 부탁한다는 언질을 주었다.

 그분을 알게 되고 마음을 얻을 수 있어 친아버지와 같은 친분관계를 유지하면서 우리가 이득을 보았던 부분은 이루 말할 수 없이 많았다. 오죽하면 우리 공관장이 부럽다고까지 할 정도였을까? 이처럼 영향력과 지위가 높았던 그 분이 필자는 물론 우리나라에 대해 무조건적인 애정과 우호감정을 가졌던 것은 고가의 선물이나 특별히 융숭한 대접을 받아서가 아니라 그저 필자가 어렸을 때 가정교육으로 부모님한테 배우고 지킨 예의범절 하나가 그 나라에서도 잘 통했던 덕분이었다.

 피부색깔이 다르고 문화가 달라도 우리나라 사람에게 좋은 것은 역시 외국인의 눈에도 좋은 법이다. 단지 어르신 앞에서 담배한 모금 참았을 뿐인데 천금을 주고도 사지 못할 귀한 사람의 마음을 얻을 수 있었던 것이다.

 지금은 고인이 되셨지만 귀국 전 마지막 고별식사 장면을 떠올리면 나도 모르게 눈물이 돈다. 필자는 근 5년간의 주재국 생활을 마치고 귀국하기 전 그분을 집으로 초대하여 귀국인사를 겸한 저녁식사 기회를 가졌다. 그간의 협조와 자식과 같은 애정을 늘 베풀어주신 은혜와 배려에 대해 감사를 드리면서 "제가 나중에 공관장이 되어 다시 이 나라에 부임하게 되면 그땐 대사관저로 자주 초청하여 맛있는 식사를 대접하겠다"고 덕담을 건넸다.

 그 말을 들은 그분은 갑자기 손수건을 꺼내 한참 동안이나 눈물을 훔치면서 말없이 내 손만 꼭 쥐고 계셨다. 지금 생각해보니 당시 80세가 넘으신 그분으로서는 30대의 필자가 '공관장이 되어 부임할 때 다시 만나자'고 한 말을 듣고는 그때쯤에는 분명히 이 세상을 떠나고 없을 거라는 생각을 하셨을 테고 그날이 서로간의 마지막 만남임을 예감하시고는 그토록 슬프게 우셨던 것이 아닌가 싶다.

02

큰절 한 번으로
고기반찬은 언제나 내 차지

시대의 흐름에 따라 가족 간의 관계도 참 많이 변하는 것 같다. 길거리나 식당, 공중목욕탕, 체육시설 같은 데서 아버지와 아들이 함께 있는 모습을 흔히 볼 수 있는데, 서로 격의가 없고 주변의 시선에 아랑곳없이 편안하고 다정하게 애정이나 친근감을 표시한다. 그야말로 부자지간이라기보다는 거의 친구나 형제라고 해도 과언이 아닐 정도다. 필자가 어릴 때 아버지나 할아버지한테 갖거나 누려보지 못한 것이라서 그런지 이렇게 아버지와 편안하게 지내는 신세대들의 모습이 마냥 부럽기까지 하다.

필자와 세대를 같이하고 특히 전통예절을 중시하는 시골의 가

부장적 가정에서 자란 사람들은 어느 정도 공감을 할 것 같은데, 필자에게 부모님과 조부모님은 더없이 친숙하고 귀한 존재이기는 했지만 적어도 아버지라는 존재는 그 자체가 그저 어렵고 어쩌면 두렵기까지 한 그러한 것이었지 지금처럼 마냥 다정한 대상은 아니었던 것 같다.

 필자는 아들 둘을 두고 있는데 이 친구들은 오랜만에 아빠를 만나면 "하이, 아빠!" 하면서 필자의 머리에 얼굴을 갖다 대거나 어깨를 툭툭치는 등 아버지를 가볍게(?) 막 대하고 있다. 그래도 전혀 싫지 않고 오히려 필자를 편안하게 대해주는 자식들이 예전에 필자가 부모님이나 조부님과 그런 관계를 가져보지 못해서인지 오히려 고맙게 여겨지기도 한다.

친구 어머니들의
사랑을 받는 비법

내 기억으로는 아마 초등학교 들어갈 무렵부터 부모님은 동네에서 마주치는 부모님 친구 분들이나 나이든 어르신들께 요즘 아이들이 잘한다는 배꼽인사를 하라고 시키셨다. 집에 손님이 찾아오시거나 남의 집을 방문할 때에도 부모님이나 어르신이 계시면 제일 먼저 큰절부터 드리도록 교육하셨다.

당시 어린 마음에 왜 우리 부모님은 어른들만 보면 다짜고짜 큰절을 하라고 하는지, 친척집을 방문한다거나 학창시절 수학여행을 다녀오느라 사흘 정도만 집을 떠났다가 돌아와도 왜 할머니를 필두로 부모님께 대청마루에서 큰절부터 하고 방으로 들어가라고 시키시는지 이해가 안 됐다. 어르신들께 인사를 드리지 않고 그냥 집안으로 들어서면 왜 마치 큰 잘못이라도 저지른 것처럼 혼내시는지 내심 불만과 궁금증을 가졌다.

 나중에 부모님과 떨어져 사회생활을 할 때 이 큰절 하나가 어마어마한 재산을 모으거나 출세를 시켜주거나 한 건 아니지만 많은 도움이 된 것은 사실이다. 친구나 다른 사람의 집을 방문해서 식사를 할 기회가 있으면 언제 어디서나 그날 차려져 나온 반찬이나 요리 중 제일 맛있고 값비싼 음식은 내 앞에 차려져서 맛있게 식사를 즐길 수 있는 보물상자와 같은 역할을 했다. 국내외를 가리지 않고 사람들을 많이 만나야 하는 필자의 직업상 참 많은 덕을 보기도 했다.

 군 입대를 앞둔 20대 초 대학생 시절, 또래 젊은이들이 그렇듯 필자도 친구 여러 명과 어울려 자주 시내를 쏘다니며 놀다가 식사 때가 되면 서로 돈도 없고 해서 끼니를 해결하려고 가까이에 있는 친구들 집을 돌아가면서 방문했다. 당시만 해도 지금처럼 배달음식이 흔하지 않은데다 너나 할 것 없이 살림이 넉넉하지 않은 형편이라 친구 어머니들은 아들이 친구들과 함께 집으로 몰려오면 귀찮더라도 식사를 직접 챙겨주셨다.

친구의 어머니들은 여러 명의 밥상을 차려주실 때 김치나 장아찌 등 소위 매 끼니때마다 밥상에 올라오는 밑반찬 외에도 오랜만에 아들 친구들이 방문했다고 당시에는 귀한 음식인 돼지고기 볶음이나 생선구이 등 평소 아껴두셨던 재료로 만든 메인 요리 한 두 개 정도는 거의 예외없이 '비장의 카드'로 준비해서 차려주셨다.

이 때마다 친구들이 늘 불만스럽게 너스레를 떨면서 물어봤던 것이 이상하게도 메인 요리는 필자가 어느 자리에 앉아 있더라도 꼭 필자에게 가장 가까운 밥상 위에다 놓아주신다는 것이었다. 그것도 필자의 어깨나 머리를 마치 친아들처럼 다정스럽게 쓰다듬어 주시면서 '맛있게 많이 먹어라'는 애정이 듬뿍 담은 다정한 말씀과 함께 말이다.

나중에 깨달았지만 친구 어머님들이 필자를 유독 반갑게 잘 대해주시면서 언제나 가장 귀하고 맛있는 요리를 필자 앞으로 갖다 주신 이유는 단 한 가지였다. 어릴 때 아버지가 그렇게 강조하시면서 교육시킨 '남의 집에 들어서면 무엇보다 어르신들께 큰절부터 한 번 하기' 덕분이었다.

당시 친구들이 의례적인 인사만 드리고는 화장실부터 뛰어 들어가 손발을 닦는 등 대충 비슷한 행동을 하는데 비해 필자는 어릴 때 부모님에게 교육받은 습관이 몸에 배서 친구 집에 들어서면 할머니나 할아버지 또는 부모님께 일단 "어르신, 절 받으시지요" 하고 인사를 드렸다. 보통은 괜찮다고 말씀하시는 어르신이 많았지만, 어릴 때 부모님에게서 배운 이 인사법 하나로 어느 친구네 집을 방문하더라도 어머니가 차려주시는 밥상에서 제일 맛있는 메인요리는 항상 내 차지가 된 것이었다.

동포단체장의 집 초대

미국에서 근무할 당시 동포단체장을 맡아 커뮤니티 발전을 위해 애쓰신 분이 계셨는데, 필자가 공직을 떠난 지금도 서울에 오시면 꼭 연락을 주셔서 식사도 대접하고 하는 그런 좋은 인간관계로 남아 있다. 성공한 교포 1세대로 일찍이 이민을 가서서 정착할 때까지 초기에는 나름대로 고생도 많이 하셨는데, 지금은 어마어마하게 넓은 저택에 사시고 아들도 세계적으로 알려져 있는 최고 명문대학에 자리잡을 정도로 잘 키워 주변에서 모두 부러워하는 그런 분이다.

필자의 눈에 비친 해외에서 만난 교포 1세대들의 작은 공통점은 외국으로 이민을 가서 한국에서 산 세월보다 더 오래 살고 있는 많은 교포들이 연세가 드시면 꼭 주택 옆 공터에다 텃밭을 일구고는 고추나 상추와 같은 찬거리를 직접 수확하면서 삶의 재미를 누리는 것이었다. 많은 분들이 텃밭 가꾸기를 즐겨하는 것 같았다.

  당시 그분과는 커뮤니티 활동과 관련한 행사를 준비할 때나 행사 종료 후 뒤풀이로 서로 번갈아가며 식사대접을 하곤 했다. 필자가 거의 대부분 시내 식당에서 식사대접을 했던 것과 달리 그분은 필자와 가족들을 기꺼이 자택으로 초대해서 식사하는 것을 즐겨하셔서 그 집을 자주 방문했다. 주말에 특별한 약속이 없거나 같이 운동을 하게 되면 거의 예외 없이 자택으로 초대를 하셨다.

  그 집에는 평생 아파트에서만 살았던 필자로서는 한눈에 봐도 부러우리만큼 엄청나게 넓은 규모의 텃밭이 자리잡고 있었다. 부부는 텃밭에서 직접 수확한 찬거리라며 한식으로 요리를 정성스럽게 해주시는 것도 모자라 필자가 집으로 돌아올 땐 고추나 상추 등 반찬 재료들을 자동차 트렁크에 잔뜩 실어주시고는 했다. 지금도 그 정감어린 모습이 눈에 선하다.

  그분은 남매가 어릴 때 어머님을 모시고 이민 와서 사셨는데, 필자와 만남을 가졌을 때 이미 슬하에 손주들이 있었고 어머님은 90세가 훨씬 넘은 고령이시다보니 정신은 온전하셨으나 거동이

다소 불편해서 별채에 머물고 계셨다.

　필자가 처음 그 집을 방문했을 때 집안에 어르신이 계신지를 먼저 여쭙고 난 후 별채를 찾아가 큰 절로 인사를 드렸다. 그때 필자의 행동거지를 보고서는 별 말씀은 안하셨지만 미국으로 이민와 참으로 오랜만에 어르신을 섬기는 한국에서 보던 모습을 목격하고서는 필자에게 무조건적인 애정을 갖고 공·사적으로 많은 도움을 주면서 잘해주셨던 것 같다.

　이후 몇 차례 그 집을 방문하고 나서 어느 순간부턴가는 그분 아들부부와 손주들이 꼭 동석했는데, 알고 보니 미국에서 태어나고 자라고 있는 손주들에게 필자 이야기를 많이 했으며 우리나라 고유의 예절과 미풍양속을 몸소 가르치시고자 필자가 그 집을 방문할 때마다 항상 같이 자리를 만드신 것이었다. 나중에 들은 얘기로는 그 분은 아들부부와 손주가 아무리 미국시민으로 살더라도 혹시 한국인들을 만날 기회가 있으면 필자처럼 행동하면 좋겠다는 생각으로 필자와 자연스럽게 자주 접하도록 기회를 만드셨다고 한다.

　지금 생각해보면 별 것도 아닌데 그분으로서는 자택을 방문한 수많은 사람들 중에서 유독 필자가 그 집에 들어서서 제일 먼저 할머니께 큰절부터 드리는 것을 보고는 그렇게 마음 속으로 흡족할 수가 없었다는 것이었다. 필자의 그 행동 하나로 모든 것이 좋아보였고 게다가 공관에서 근무하다보니 필자와의 인연과 우정을 더욱 돈독히 하기 위해 동포단체장 역할을 충실히 수행했다고 한다.

  아마도 미국에 살다보니 자신은 물론 어머님께 큰 절을 올리는 장면을 오랫동안 볼 수 없었던 상황에서 필자가 자신의 어머님께 큰절을 드리는 것을 보고 새삼 한국에서의 생활과 향수가 떠올라 감동을 하지 않았나 하고 짐작해 본다.

  어릴 때 아버지께서 그렇게 잔소리를 하면서 귀에 딱지가 앉도록 가르쳐주신 '골목길에서 어르신들을 만나면 공손하게 인사를 잘 드려라. 누구든 남의 집을 방문하게 되면 제일 먼저 집안 어르신들을 찾아 큰절을 올린 다음 집안으로 들어가라'는 그 가르침 하나가 지금까지 남의 집에서 식사할 기회가 생기면 웬만하면 고기반찬 등 맛있는 음식을 먹을 수 있게 했다. 또한 업무를 수행하는 과정에서도 많은 도움을 받을 수 있는 비결이 되었다. 필자에게 부족한 점이 많은 데도 이국땅에서 만난 많은 한국 분들께 큰절이 필자의 장점으로 비춰지면서 일부러 값비싼 선물이나 돈을 들이지 않고도 업무상 필요한 사람들의 호감과 마음을 얻는데 성공할 수 있었던 것 같다.

'피는 못 속인다'고 필자도 아버지께 배운 대로 두 아들이 어릴 때부터 비슷한 주문을 하면서 잔소리를 했다. 지금은 떨어져 살고 있어 일일이 따라다니며 확인할 수는 없지만 사회생활을 하고 있는 두 아들도 친구네 집을 방문하게 되면 늘 고기반찬을 얻어먹으면서 살아가고 있지 않을까?

03

작은 친절 하나로
생명의 은인을 만나기도

외국에서 살면 누구나 다 애국자가 되면서 민간 외교관 역할을 수행한다는 말이 있다. 인터넷이나 SNS가 지금처럼 발달되지 않았던 시절이나 사회적 인프라가 낮은 국가일수록 상대국에 대해 서로 이해할 수 있는 정보자료가 부족하고 교류 또한 원활하지 않아 한 사람 한 사람의 역할이 부각되기 때문에 더욱 그럴 것이다. 미국이나 일본 등 자주 접하거나 역사적으로 익숙한 국가의 경우는 예외이겠지만, 아프리카나 중남미지역에 위치한 국가와 같이 지리적으로나 환경적으로 멀리 떨어져 있는 데다 평소 생활환경이나 문화에 대해 서로 잘 알고 있지 못하는 국가의 경우에는 특히 그렇다. 비즈니스 거래를 위해 사업상 만남을 유지하는 파트너나 우연한 기회에 인연을 맺은 유학생 등 극히 제한적인 인물을 보고서는 그 나라 전체 국민을 자신의 기준으로 평가해버리는 경우가 허다하다. 이런 때는 해외에서 생활하는 일반 국민 모두가 그 나라를 대표하는 외교관이 된다.

직업 외교관이나 정부기관 주재관 등도 예외는 아니겠지만 비즈니스 차원에서 다소 장기간 외국에서 거주하는 사람이나 유학생이 외국에서 현지인들과 친분을 맺는 것은 매우 용이할 수도, 또 반대로 아주 어려울 수도 있다. 하지만 가족은 물론 일가친척도 없이 혈혈단신 언어와 문화가 다른 외국에서 생활할 때 무엇보다 가까이에 살고 있는 이웃 사람들과 개인 친분관계를 맺는다는 것은 매우 중요하며 또 요긴하게 활용할 수 있다.

조금만 신경을 쓰면 누구나 할 수 있는 이웃에 대한 작은 친절 하나가 상대방의 마음을 얻어 예기치 않은 이득을 볼 수도 있고 때에 따라서는 생명이 위태로운 긴박한 상황에서 목숨까지 구해줄 만큼 큰 보은으로 다가오는 경우도 있다. 돈이 들지 않고 큰 수고도 필요 없는 '그저 웃는 얼굴로 인사 한번 잘하기' 또는 '기회가 닿을 때 베푼 작은 친절 하나'가 상대방의 마음을 얻어 예기치 않은 큰 행운으로 돌아오기도 하는 것이 우리네 인생살이다.

앞집 할머니와의 소중한 인연

동유럽은 지금은 우리나라 사람들이 즐겨 찾는 유명 관광지 중 하나로 무척 인기가 높고 상호 방문이 활발해서 언론에도 자주 등장하는 친숙한 지역이 되었다. 과거 필자가 유학생활을 하던 90년대 초만 해도 한국인들의 방문이 극히 제한적인데다 지리적으로도 멀리 떨어져 있어 다소 생소하게 느껴졌던 것이 사실이다.

당시 유학생 신분이었던 필자는 현지적응을 쉽게 하고 언어도 빨리 습득하려면 평소 가까이에 살고 있는 이웃들과 우호적 관계를 맺는 게 절실하다고 생각했다. 그래서 우선 같은 아파트에 사는 이웃들에게 늘 웃는 얼굴로 먼저 인사를 건넸으며 어쩌다 여성이나 노인분들이 무거운 짐을 들고 가다 마주치면 어김없이 들어주는 등 그야말로 '작은 친절'을 잘 베풀었던 것 같다.

결과적으로 이 작은 친절 하나가 얼마 후 필자 가족의 목숨을 건질 수 있는 계기가 되다보니까 지금도 주위사람들에게 호감을 얻고 마음을 얻기 위해서는 평소 '웃는 얼굴로 이웃에게 인사 잘하기' 또는 '기회가 닿을 때마다 작은 친절 베풀기'와 같이 작지만 중요한 노력이 필요하다고 강조하고 있다.

당시 우리 부부는 젖먹이 아들 하나를 데리고 시내 중심가에서 약간 벗어난 외곽지역에 위치한 고층아파트에 살고 있었다. 역사적으로 러시아나 독일과 같은 이웃 강대국들로부터 끊임없이 침략을 당한데다 2차 세계대전 이후 냉전기간을 거치며 오랜 기간 사회주의 체제를 유지해온 사회 분위기 때문인지 동네 수퍼마켓이나 엘리베이터 안에서 마주치는 사람들은 외국인이나 낯선 사람들에 대해 보이지 않는 경계심을 나타냈다. 쉽게 친해지거나 마음을 열어줄 것 같지 않는 태도였다. 필자는 우연히 마주치는 이웃들에게 억지로라도 늘 웃는 얼굴로 친절하게 대하려고 노력했다.

이사한 지 얼마 되지 않은 어느 날 대학원 수업을 마치고 집으로 귀가하면서 주차장에 차를 세우고 나오는데 웬 할머니 한분이 양쪽 손에 큰 가방을 들고 필자와 같은 아파트 동으로 향하고 있었다. 한눈에 봐도 양손에 쥔 무거운 짐들로 몹시 힘겨워하는 모습이 역력했다. 필자는 반갑게 인사를 건네면서 가방을 들어주었고 우연의 일치인지 우리가 탑승했던 엘리베이터는 같은 층인 5층에 멈추었다.

알고 보니 그 할머니는 바로 앞집에 살고 있는 분이었다. 집 앞에서 이웃임을 확인한 할머니는 집안에 있던 남편과 자식들을 문밖으로 불러내어 아주 오래된 친구인양 필자를 정식으로 소개시키는 등 자신의 가방을 들어준 작은 배려와 친절 하나에 매우 흡족해했다.

   그날의 조우 이후 앞집과는 가끔 오가며 간식과 과일을 나눠먹는 사이로 발전했다. 당시만 해도 한국 사람을 지근거리에서 만나본 적이 없었던 앞집 사람들은 필자 가족을 마치 신비의 세계에서 온 사람같이 여기며 우리나라에 대해 이것저것 궁금한 것을 문의하는 등 매우 잘 대해주었다. 마침 서울을 떠나올 때 공산품이 귀한 동유럽에서 요긴하게 쓰일지도 모른다는 생각에 미리 준비해간, 그리 값비싼 것은 아니나 다양한 종류의 국산 기념품을 선물하기도 하면서 이웃인 앞집 사람들과의 우정은 나날이 돈독해졌다.

할머니 덕분에
목숨을 건지다

아파트에 입주하여 생활한 지 3개월쯤 지난 어느 주말 저녁 필자가 살고 있는 아파트에 여러 명의 인명피해가 따른 큰 화재가 발생했다. 당시 총 12층 건물의 5층에 살고 있었던 필자는 하필이면 그날 외부에서 개최된 행사에 참석하여 늦은 시간까지 술자리를 갖고 만취상태에서 거의 자정이 되어서야 귀가해서는 바로 쓰러지다시피 잠자리에 들었는데, 새벽 4시경 같은 라인에 위치한 3층에서 화재가 발생했던 것이다. 나중에 언론보도를 통해 안 사실이지만 그날 아래층에 살고 있는 대학생이 친구들을 집으로 초대하여 주말 댄스파티를 벌이다가 인화성이 강한 카페트 바닥에 담뱃불이 옮겨 붙어 화재가 발생했다고 한다.

당시 아래층에서 화재가 발생한 줄도 모른 채 잠이 든 필자는 물론 온종일 젖먹이 아기를 돌보느라 지친 아내도 세상 모르고 잠자고 있었던 상황이었는데 누군가가 문이 부서지도록 우리 집 현관문을 두드려댔다. 초인종과 현관문이 부숴질만큼 크게 두드려대는 소리에 겨우 잠에서 깨어 비틀거리며 자리에서 일어났을 때는 화재로 화학물질이 타면서 방출되는 유독가스의 쾌쾌한 냄새와 시꺼먼 연기가 이미 온 집안에 가득 찬 상태였다. 그때나 지금이나 뉴스에서 연일 보도되다시피 하는 화재나 각종 사건사고를 그저 나와는 전혀 상관없는 다른 세상 사람들의 이야기로 여기면서 안전 불감증에 익숙해져 있던 필자는 태어나서 처음으로 직접 마주한 화재에 직면한 순간 더할 수 없이 당황해하면서 허둥댔다.

출국 전 교육받은 비상시 응급대처법의 메뉴얼 대로 우선 여권과 현금, 그리고 간단한 중요서류 등 흔히 긴급 상황에 대비한 필수품이 들어있는 휴대용 가방을 급하게 찾아 들고 한쪽 팔로는 아들을 안고서는 아내와 함께 현관문 쪽으로 허겁지겁 뛰쳐나갔다. 복도도 이미 화염에 뒤덮여 앞이 잘 보이지 않는 상황이었다. 앞집 할머니는 그런 와중에서도 필자 가족이 문을 열고 나올 때까지 현관문을 두드리고 계시다가 얼른 자신의 집으로 안내했다. 복합형 복도식 아파트라 같은 층이지만 라인이 달라서인지 그 집에 들어서니 우리 집에서와 같은 불기운이나 매연이 훨씬 덜했다. 할머니는 우리를 베란다로 데려다 주셨는데 창밖으로 내다보니 그야말로 온 동네가 난리통이었다.

할머니는 화재가 발생한 후 소방차가 출동하여 물을 뿌려대고 하는데도 앞집에 아무런 인기척이 없어 걱정스런 마음으로 계속 우리집 문을 두드렸다고 설명하셨다. 3층에서 발생한 화재가 5층으로까지 옮겨 붙지는 않더라도 카페트 문화인 그 나라의 아파트 구조상 인체에 해로운 유독가스로 온 식구가 질식사하지는 않았는지 걱정을 많이 했다고 하셨다. 그러면서 먼 나라에서 공부하러 와 항상 생글생글 웃는 얼굴로 친절하게 인사를 건네던 필자가 무슨 해를 당했을까봐 현관문을 떠날 수가 없었다며 모두가 무사한 것을 보고서는 가벼운 눈물까지 보이는 것이었다. 한마디로 앞집 할머니가 필자 가족의 목숨을 구해주신 것이나 진배없는 그런 상황이었다.

'화재가 발생하면 물수건으로 입을 막고 호흡을 하면서 만약에 있을지 모르는 낙하사고에 대비하여 머리를 다치지 않도록 보호장구나 딱딱한 용품으로 머리 부분을 보호하고, 엘리베이트를 이용하지 말고 비상계단을 통하여 불이 난 반대방향으로 탈출해야 한다'는 비상시 행동요령도 막상 눈앞에서 난생 처음으로 발생한 화재현장과 마주하다보니 아무것도 생각나지 않고 그저 화재 현장을 벗어나야 한다는 생각만 들었던 것 같다. 그날 새벽 4시경 3층에서 발생한 화재로 다수의 사람들이 부상을 입고 병원으로 옮겨졌으며 2층은 물벼락을 맞고, 4층은 실내 바닥이 아궁이가 되다시피 했다. 5층에 위치한 필자의 집은 화재가 완전 진화된 후에 들어가보니 유독가스 냄새로 도저히 정상적인 생활이 곤란한 상황이었다. 집안에 스며든 유독가스와 복도를 가득 채운 메케한 냄새를 핑계 삼아 일주일 정도 인근국가로 '피난여행'을 다녀온 기억이 새롭다.

돌이켜보면 돈도 들지 않는 그저 웃는 얼굴하나로 할머니가 힘겹게 들고 가는 가방 하나 들어주면서 이웃과 좋은 인연을 맺게 되었는데, 결과적으로 그 작은 친절 하나로 상대의 마음을 얻어 유독가스로 온 가족이 질식사까지 할 뻔했던 위기상황을 무사히 넘길 수 있는 귀중한 경험이 되었던 것 같다.

외국생활을 하다보면 언제 어느 때 현지인들의 도움이 필요할

지 모르기 때문에 가능한 한 다양한 사람들과 교류하면서 친분관계를 맺어두는 것이 중요하다. 현지인들은 마주칠 때 가볍게 웃으면서 인사 한번 잘하거나 조그만 예의범절만 잘 지켜도 호감을 보이면서 우리가 필요할 때 도움을 주려고 할 것이다. 작지만 소중한 것의 중요성을 늘 떠올리며 생활할 필요가 있다는 생각을 지금도 늘 갖고 있다.

04
정성을 다하는 마음

조선시대의 많은 왕들이 역사에 이름을 올리고 있지만 그 중에서도 22대 임금으로 조선 후기 최고의 성군으로 꼽히는 정조만큼 파란만장한 삶을 살다 간 사람도 없을 것이다. 당시 국왕의 평균수명이 채 50세가 안 되었던 시절임에도 불구하고 선대 영조는 83세에 승하하기까지 거의 52년간 제위를 지켰다. 손자인 정조가 왕위를 계승했으나 드라마나 영화에서도 여러 각도로 재조명되어 자주 소개된대로 역사적으로나 정치적으로 변화무쌍한 우여곡절을 다 겪은 후였다.

영조에 이어 정조가 왕위를 계승하는 과정에는 각본 없는 드라

마라고 할 정도로 드라마틱한 요소들이 상호 작용했다. 애당초 영조의 정실 왕비인 정성왕후와의 사이에 자손이 없었던 것도, 후궁인 정빈이씨와의 사이에서 태어난 효장세자가 단명한 것도, 이에 따라 새로이 맞아들인 영빈이씨와의 사이에서 태어난 사도세자가 죽음을 맞이한 것도 그렇다. 사도세자가 정상적으로 왕위를 계승했더라면 정조를 둘러싼 스토리가 그렇게 극적으로 드라마틱하지는 않았을 지 모른다.

사도세자는 어릴 때 유달리 영민하고 효성이 지극하여 부친인 영조로부터 과도하리만큼 많은 관심과 사랑을 받고 자란데다 외모도 빼닮았다. 부친으로부터 세자로서의 자질과 인정을 듬뿍 받았으나 자라면서 점차 그 중압감을 이겨내지 못했던지 급기야 정신착란 증세를 보이면서 내시를 비롯한 궁인들을 다수 살인하는 지경에까지 이르면서 결국 뒤주에 갇혀 죽음을 맞이하게 된 것이다.

이에 따라 사도세자의 아들이자 훗날 정조가 되는 이산은 서민으로 강등되었고, 이후 세자신분으로 있다가 일찍이 사망한 큰아버지 효장세자의 양자로 입적되어 세손으로서 후계자의 지위에 오르게 되고, 영조가 승하한 후 25세의 나이에 조선 제 22대 왕으로 즉위한다.

정조가 읊조리던 명대사

필자는 우리 역사서 읽기를 좋아하는데, 특히 사도세자가 당시 분당정치의 폐해라고 할 수 있는 노론과 소론의 격렬한 대립의 희생자가 되어 역적으로 몰리면서 아버지가 내린 형벌로 뒤주에서 9일 만에 굶어죽게 되는 사건, 11살 어린나이에 아버지를 살리기 위해 할아버지인 영조에게 매달리던 정조의 울부짖음, 왕위 계승을 두고 벌어지는 노론과 소론의 대립, 노론의 끊임없는 도전과 암살기도를 극적으로 이겨내고 조선 후기 훌륭한 왕으로 등극한 정조의 드라마틱한 스토리에 매력을 느껴 같은 책을 몇 번이나 반복해서 읽었던 기억이 있다.

정조가 왕위를 계승한 지 1년쯤 되는 어느 날 왕이 거처하는 침전에까지 들이닥친 암살시도에서 구사일생으로 살아남는 과정을 그린 '역린'이라는 영화도 아마 다섯 번 이상은 본 것 같다. 필자가 좋아하는 남자 배우가 정조를 연기한 것도 한 가지 이유였지만 극중 정조가 노론세력 앞에서 조용하되 세상 무엇보다 무겁게 혼잣말처럼 읊조리던 예기 중용 23장의 명대사가 필자의 마음에 그대로 와 닿았기 때문일 것이다.

작은 일도 무시하지 않고 최선을 다해야 한다.

작은 일에도 최선을 다하면 정성스럽게 된다.

정성스럽게 되면 겉에 배어나오고

겉에 배어나오면 겉으로 드러나고

겉으로 드러나면 이내 밝아지고

밝아지면 남을 감동시키고

남을 감동시키면 이내 변하게 되고

변하면 생육된다.

그러니 오직 세상에서

지극히 정성을 다하는 사람만이

나와 세상을 변하게 할 수 있을 것이다.

동유럽 대학
학위 취득의 기억

과거 동유럽에서 유학생활을 하던 시절이 엊그제 같은데 벌써 30년 이상의 세월이 훌쩍 지나간 것을 보면서 세월이 정말 빠르게 흐른다는 사실을 새삼 절감하고 있다. 당시 우리정부의 외교정책 방향과 기조가 북방정책 추진에 무게중심을 두고 있던 때인데다 개인적 호기심이 더해져 미국이나 서유럽 대신 동유럽 국가를 선택했다.

지금은 직항이 개설되어 누구나 마음만 먹으면 당일이라도 그곳에 도착할 수 있는 나라지만 필자가 유학하던 당시만 해도 프랑스나 독일을 거치는 항공편을 이용해야 왕래가 가능한데다 정치와 사회체제가 다르고 공항이나 은행 학교시스템 관공서 이용 등 모든 것이 생소하고 불편했다는 기억이 먼저 든다.

우리나라와 막 공식 외교관계가 수립된 상황에서 공관 개설요원으로 파견되었던 대사관과 코트라 직원, 또는 일부 상사원들이 점심때 교민이 살고 있는 가정집을 한국식당처럼 이용하던 시절이니까 생활환경 면에서 부닥치게 되는 불편함이 많았지만, 무엇보다 현지어가 어려워서 웬만한 사람들은 공부할 엄두조차 못 내고 끝까지 통역을 활용했던 것으로 기억한다.

한국인 최초로 그 나라 국립대학교에서 학위를 취득하고 귀국해서는 공무원으로서 동유럽 최고전문가 반열에 이름을 올리겠다는 포부를 갖고 유학길에 나섰지만 현지어를 마스터하기가 여간 어려운 것이 아니었다. 특히 석사학위 졸업을 위한 학점 취득을 위해 마지막 학년에 과목당 두 번씩 치러야만 했던 시험은 정말 난감하고 한계가 느껴져 내심 '학위취득을 포기하고 대학원과정 수료 정도로 마무리해 버릴까' 하는 갈등도 많이 했다.

그러다가 어렵사리 얻은 기회를 놓치면 당장 몸은 편해도 나중에 분명 두고두고 후회할 것이라는 생각에 스스로 마음을 다잡았다. 그만두고 싶을 때는 젖먹이 아들의 얼굴을 바라보며 학업에 매진했다.

현지어로 시험을 봐야 했던 과목에 대해서는 영어본 책자를 기본적으로 숙독한 후 미국이나 영국에서 유학한 경험이 있거나 베이비시터 등으로 오랜 기간 거주하여 영어에 능통한 학생들을 아르바이트생으로 고용해서 준비했다. 수업시간에 사용된 현지어 교재내용의 주요 핵심내용을 영어로 요약해 주도록 한 뒤 현지어로 구성된 교재를 숙지하고는 과목별 시험에 임하는 방식으로 대응했다. 학생들은 영어책자의 핵심내용을 현지어로 요약해 달라고 했을 때 처음에는 영문을 몰라 하면서도 수고비보다는 우정이 더 중요하다고 하면서 친구와 같은 마음에서 자신의 일처럼 적극적으로 도와주었다.

국제관계학 분야에서 그 나라 최고의 전문 학자였던 지도교수님은 필자가 귀찮을 정도로 거의 매일 연구실과 자택을 찾아다니며 자문과 도움을 청해도 단 한 번도 싫은 내색을 보이지 않고 언제나 용기와 격려를 아끼지 않으셨다. 이와 같은 주변사람들의 도움과 조언에다가 때늦은 나이에 새삼 고시공부하듯 심혈을 기울여 학업에 정열을 쏟았던 정성이 어우러져서 마침내 전공필수 과목·논문 통과와 함께 학위를 취득할 수 있었다.

당시 유학시절을 회상하면 어렵고 힘들었던 기억이 먼저 떠오르지만 매사 이루고자 하는 목표를 갖고 온 정성을 다하면 반드시 주변사람들이나 하늘마저 도와준다는 사실을 지금도 굳게 믿고 있다.

그렇다. 온 정성을 다하여 하나씩 배워간다면 세상은 바뀐다. '정성을 다하는 것은 사람의 도리'라는 말도 있듯 우리가 매일 마주하는 일상에서 상대방의 마음을 감화시켜 얻고자 하는 것을 얻어내기 위해서는 아무리 소소한 것이라도 최선을 다해 정성을 쏟아야 한다. 정성을 다하지 않고 남을 감동시키거나 저절로 이루어져 굴러 들어오는 행운은 극히 드물고 불가능할 것이다.

세계적으로 저명한 심리학자나 마케팅 협상론의 대가들이 사람의 마음을 얻을 수 있는 여러 가지 기법이나 다양한 기술적 이론을 제시하고 있다. 하지만 필자는 평소에 정성을 다해 스스로의 마음가짐을 바탕으로 내공을 쌓고, 상대방과 경쟁이나 이기고 지는 싸움을 벌이는 게 아니라 상대방 입장에서 모든 문제를 생각하면서 진정성을 다해 사람을 대하다보면 어느 순간 자신도 모르는 사이에 사람들로부터 인정과 사랑을 받고 그들의 마음을 얻게 된다고 믿고 있다.

Chapter 2

인간적 친근감, 마음을 얻는 길

01 전화 한 통으로 마음을 사로잡다

02 가장 확실한 계약서는 문서가 아닌 신뢰

03 상대의 아픔을 진정으로 함께 나눠야

04 사랑으로 되돌려 받은 작은 인연

05 세상은 1등만 기억하는 것이 아니다

06 상호 윈윈하는 관계를 만들어야

01

전화 한 통으로
마음을 사로잡다

외국에서 생활하다보면 교민사회 내 다양한 부류의 사람들과 가깝게 지내는 경우가 많다. 우리 공관을 중심으로 정부기관에서 파견된 소위 '공무원 그룹'과의 교류에서부터 교회나 성당에서 만나 종교적으로 친교를 나누는 경우와 국내 기업에서 파견된 지상사원들과의 만남, 그 외 유학생이나 단기 체류자 등 다양한 종류의 사람들과 친교를 나눈다.

현지에서 만난 교민들은 마치 오래전 국내에서부터 친분관계를 유지해온 것처럼 서로서로 다양한 방법으로 친분을 나누면서 관계를 유지한다. 대사관이나 영사관에 근무하다보면 현지에 거주

중인 거의 모든 교민들과 안면을 갖고 얼핏 보면 아주 오래된 친구처럼 친하게 지내는 경우가 많다.

서울에서는 같은 아파트 앞집에 거주하는 사람들과도 평소 인사 한번 나누지 않고 생활하는 경우도 허다하다. 하지만 외국에서는 교회나 한인식당 등 생활권이 다소 한정되어 있는데다 아메리칸 스쿨과 같이 특정 외국인 학교에 자녀들을 보내야 하는 과정에서 비슷한 또래의 학부모와 자연스레 친하게 되고, 한인회와 상사협의회 등 단체 활동을 통해 비슷한 일을 하는 사람들끼리 모여 있다 보니 자연스럽게 친분관계가 돈독해진다. 특히 공관에서 근무하다보면 지상사원들은 물론 교민사회 내 활동 중인 한인 커뮤니티 지도층 등 대부분의 한인들과 알고 지내는 편이다.

교민들은 새로 정착하는 한인들을 위해 외국인 학교에 대한 정보나 입학과정에서 까다롭게 구는 행정담당 교사의 성향에 대한 정보는 물론 특히 관공서에서 일처리하는 과정에서 불편을 겪었던 상황 등을 서로 공유하면서 상부상조의 마음으로 생활한다.

우리나라도 예외가 아니지만 외국에서도 경찰서나 국세청 등과 같은 행정기관과 엮이게 되는 사건이 발생하면 누구나 다 국내에서보다 훨씬 더 피곤하고 또 난처함이 느껴지는 게 사실이다. 그러나 '사람 사는 세상에 해결되지 않을 일은 없다'는 말이 있듯이 이들 행정기관과 연계된 사건이 발생하더라도 결국은 사람이 처리하는 일인지라 관리들의 마음을 얻고 내 편을 만들 수만 있다면 그리 큰 문제로 비화되지 않고 해결할 수도 있다.

특히 어느 나라든 극한직업이라는 공통점을 갖고 있는 경찰관의 경우 선입견부터가 딱딱하고 엄격한 법집행을 하는 기관원이라는 생각이 든다. 하지만 그들도 사람인만큼 직업의식과 자존심을 적절히 존중해 주면서 인간적으로 접근하여 마음을 얻어 내면 자칫 큰 낭패를 보게 될 상황에서도 의외로 해피 엔딩으로 귀결되는 경우도 허다하다.

현지 지사장의 다급한 사정

외국생활을 해본 사람들은 많이 공감하겠지만 야밤이나 새벽에 걸려오는 전화는 대체로 그리 반갑지 않다. 통상적인 업무는 근무시간대에 처리하는 편이라서 심야시간에 집으로 걸려오는 전화는 부모님이 위독하시다거나 담당업무라고 할지라도 좋은 소식보다는 그리 반갑지 않은 것이 보통이다.

과거 동유럽 국가에서 근무할 당시 하루는 새벽 3시경 전화벨이 요란하게 울렸다. 혹여 국내에 계신 연로하신 부모님에 대한 좋지 않은 소식일지도 모른다는 생각에 가슴이 철렁 내려앉았다.

전화를 받아보니 평소 친하게 지내던 국내 모 대기업 지사장이었다. 혀가 조금 꼬이기는 했지만 이내 혼이 반쯤 나간 목소리로 다짜고짜 "영사님 살려주세요"하는 것이었다. 대충 설명을 들어보니 오랜만에 지사원들과 거래처 사람들이 한꺼번에 모여 회식을 마치고는 소위 2차, 3차 이어지다보니 만취상태에서 운전을 하게 되었고 급기야 귀가 도중 가로수를 들이받는 음주사고를 냈다는 요지였다.

이후 인근 파출소로 이송되었는데 경찰관이 한참 조서를 작성하고는 문서 말미에 무조건 서류에 사인을 하라고 하는데 무엇보다 의사소통이 되질 않다 보니 변명은 커녕 뾰족한 해결방안이 떠오르지 않았다고 했다. 현지어로만 설명하는 터라 무슨 내용인지도 모른 상태에서 덜렁 사인하기가 무서워 밤늦은 시간임에도 불구하고 필자에게 전화를 했다면서 도와달라고 거의 울부짖듯 애원하는 것이었다.

주재국의 교통법규를 위반하여, 그것도 음주사고를 내고 소위 '현행범'으로 연행되어 파출소에서 조사를 받고 있는 사람을 아무리 국내 대기업에서 파견 나온 지사장이라고 해도 무슨 재주로 도와줄 수 있을까 하는 생각으로 순간 막막했다. 우선 지사장을 적절히 안심시킨 후 담당 경찰관을 바꿔달라고 했다.

전화를 받은 경찰관은 다소 퉁명스럽게 필자의 신원부터 확인했다. 필자는 과거 유학시절 슬라브어를 공부한 덕분에 그 나라 언어를 구사할 수 있어 현지어로 한국대사관에서 영사업무를 담당하는 사람이라고 소개한 후 사건경위를 조심스럽게 문의했더니 지사장의 설명내용과 거의 대동소이했다. 다만 지사장이 몸도 제대로 가누지 못하는 만취상태에서 음주사고를 저질렀기 때문에 본 사건에 대한 조서를 상세히 작성하여 본인 서명을 받은 후 상위 부서인 관할 경찰서로 즉시 이송할 예정이라고 덧붙였다.

0.1초 사이의 짧은 순간이었으나 머릿속에서 '아직 사건이 경찰서에 정식 보고되지 않았고 현재 파출소 차원에서 당직 경찰관이 사건을 접수하여 조서를 작성중인 단계이기 때문에 성사 여부는 장담할 수 없겠지만 담당경찰관만 잘 설득하면 사건이 의외로 좋게 해결될 수도 있겠다'는 판단이 들었다. 그래서 우선 "공관에서 교민업무를 담당중인 영사 입장에서 우리교민이 사고를 내서 정말 안타깝고, 특히 밤새워 일하는 담당경찰을 힘들고 번거롭게 만들어 미안하다"고 하고선 "앞으로 우리 교민들로 인해 이러한 불미스러운 일이 다시는 발생하지 않도록 공관에서 책임지고 안전교육을 더욱 철저히 시키겠다" 고 말하면서 경찰의 반응을 살폈다.

그 경찰관은 사고를 낸 한국 지사장과는 의사소통이 이루어지지 않아 많이 힘들었다면서 필자더러 특이하게도 어떻게 한국 사람이 현지어를 유창하게 하느냐고 물어보았는데 처음과는 달리 다소 누그러진 목소리에다 은연중 친근감까지 보이는 것이 확연이 느껴졌다. 이에 필자는 과거 주재국 국립대학교에서 석사과정을 마쳤기 때문에 현지어 구사가 가능하며 오랫동안 떠나있었지만 주재국을 제2의 고향과 같이 느끼고 있다면서 할 수 있는 한 최대로 친근감을 보였다.

그랬더니 경찰관은 지사장의 신원과 필자와의 친분관계 등을 확인하면서 지사장이 현재 주재국에서 어떤 일을 하는지를 물어왔다. 이에 필자는 국제적으로 잘 알려진 한국 내 모 기업의 현지 책임자로서 앞으로 양국 간 경제교류에 큰 역할을 할 수 있는 아주 유능한 사람이라고 설명해주었다. 그리고 오늘 저녁 사고도 현지 주재국인들과 비즈니스 문제를 협의하다가 술자리로 이어지면서 일어난 건데 지사장에 대해 선처를 해줄 수 있는지를 조심스럽게 문의했으나, 사실은 사건을 담당 경찰관 선에서 종결시켜 주도록 은연중 부탁하였다.

필자는 경찰관과 대화를 나누면서 야간근무는 몇 시까지 하는지 근무자는 몇 명이나 되는지 등 다소 본 사건과 상관없는 대화를 통해 인간적 친근감을 이어나갔으며 특히 우리 교민문제로 인해 고생이 많다고 위로해주었다. 그리고는 최대한 그 경찰관의 입장에서 직업의식을 존중해주면서 자존심을 세워주는 데 주력하면서 통화를 마쳤다.

화장실 들어갈 때와 나올 때

이튿날 출근하니까 지사장이 대사관에 벌써부터 와서 밝은 얼굴로 필자를 기다리고 있었다. 지사장에 따르면 어젯밤 담당경찰이 필자와 전화통화를 마친 후 연거푸 담배 몇 대를 피우면서 무언가를 골똘히 생각하더니 파출소장으로 보이는 상관과 한참동안 이야기를 나눴다고 한다. 그러더니 갑자기 지사장에게 다가와 현지어라서 제대로 이해는 되지 않았으나 아마도 "당신 참 운이 좋다"는 뜻으로 어깨를 툭 치고는 지금까지 작성한 사건 조서를 지사장 눈앞에서 찢어 휴지통으로 버린 후 자택까지 에스코트 하다시피 바래다주고 돌아갔다고 했다. 지사장은 여러 가지 생각들로 잠을 이루지 못하고 꼬박 밤을 새우고는 아침 출근시간에 맞춰 필자에게 감사인사를 전하려고 바로 달려왔다고 설명했다.

필자는 웃으면서 지사장에게 혹시 감사에 대한 보답으로 100불 정도를 쓸 용의가 있는지 물었다. 지사장은 "음주사고 사실이 알려지면 서울로 소환되어 바로 퇴사당할 수도 있었는데 생명의 은인인 필자를 위해 그깟 100불이 문제인가요?"라면서 거듭 사의를 표하고 왜 100불인지를 물어봤다.

이에 필자는 지사장에게 지금 바로 슈퍼마켓이나 백화점에 가서 과일과 음료수 등 100불 정도의 물품을 구입한 후 다시 그 파출소를 방문하여 담당경찰을 비롯한 경찰관들에게 인사를 하도록 했다. 사건이 예기치 않게 해피 엔딩으로 마무리되었으니 '한국 사람은 의리를 저버리지 않고 은혜를 입은 데 대해서는 반드시 인사를 할 줄 아는 사람'이라는 인상을 심어 줌으로써 한국에 대한 이미지를 좋게 하고, 그래서는 안 되겠지만 혹시 다음에 유사한 경우가 발생하더라도 누군가 한국인이면 조금이라도 혜택을 보게 되는 계기가 될 것이라는 설명도 해주었다.

그날 저녁 지사장의 거듭된 권유로 저녁을 함께했다. 지사장은 필자가 일러준 대로 현지 직원과 함께 마트에 들러 과일과 와인 등을 넉넉히 구입한 후 파출소를 방문하여 정중하게 인사를 했는데 경찰관들이 무척 좋아하면서 만족해했다고 했다.

지사장은 필자가 '화장실 들어갈 때와 나올 때 마음이 다르다'는 속담과 다르게 행동하도록 한 뜻을 되새기면서, 당장 눈앞의 이익도 중요하지만 보다 장기적 안목에서 국가이미지를 생각하는 필자의 처사에 많은 것을 느꼈다며 거듭 감사인사를 건넸다.

이후 지사장은 우리 공관에 도움이 될 수도 있다는 생각으로 지방에서 개최되는 각종 상품박람회나 전시회 관련자료 등 공관 차원에서 참고할 만한 유익한 자료를 모아두었다가 공관에 들를 기회가 있으면 필자에게 제공해 주었다.

　그날의 인연으로 지사장과는 서울에서도 가끔 만남을 유지할 정도로 돈독한 친분관계가 이어졌는데 수년이 지난 후에도 지사장은 필자를 만나기만 하면 도대체 그날 담당경찰과 무슨 대화를 나누었으며 어떻게 경찰관이 자신의 조서를 찢어버리고 사건을 없었던 것으로 처리할 수 있었는지 궁금하다면서 계속해서 물어보곤 했다.

　필자는 야간근무로 피곤한 상태에서 업무를 처리중인 담당경찰관의 입장을 따뜻하게 위로하면서 그 사람의 마음을 얻는 데 주력한 것 외에는 사건을 무마해 주도록 어떠한 청탁이나 압력도 행사한 적이 없다고 거듭 설명해주었지만 그 분은 지금까지도 그날 밤 필자와 담당경찰관관 사이에 '진짜 무슨 일'이 있었는지에 대해 궁금해 하고 있다.

이 생각 저 생각 - 1

아버지와의 핸드폰 통화

핸드폰은 생활필수품을 넘어 아예 신체의 일부라고 해도 과언이 아닐 정도로 우리생활과 밀접한 관계가 되어버린 지 오래다. 지하철이건 버스건 대중교통을 이용할 때 가장 쉽게 발견할 수 있는 장면은 바로 남녀노소 가릴 것 없이 거의 모든 사람들이 핸드폰만 들여다보고 있는 것이다. 과거와 같이 대중교통을 이용하는 승객들에게 주의와 양해를 요하는 '정숙'이라는 안내문이 필요가 없을 정도다.

심지어 길거리를 지나다니는 사람들 중 상당수는 걸어가면서까지 핸드폰에 눈을 떼지 않아서 자주 부딪치거나 안전사고를 일으킨다. 횡단보도를 건너가면서까지 핸드폰을 살피다가 교통사고로 이어질 듯 아슬아슬한 상황까지 연출하는 사람들도 쉽게 목격할 수 있다.

일가족이 함께 자가용을 이용하여 야외로 주말여행을 떠나거나 평소 바쁜 직장생활에 쫓겨 한집에 살면서도 자녀들과 제대로 대화를 나누지 못한 아빠들이 아이들을 위해 주말이나 휴일에 동물원이나 문화공연을 관람하려고 외출을 할 때도 마찬가지다. 오랜만에 가족이 한자리에 모여 아이들의 학교생활이나 친구관계, 최근 관심사항 등 그동안 나누지 못했던 이야기를 살갑게 나누겠다고 계획했거나, 아직도 마냥 어리다고 여기는 아이들의 시간을 모처럼 독차지하고 재롱잔치를 실컷 누릴 수 있겠거니 기대하는 것은 큰 오산이 되기 십상이다. 사정이 이렇다 보니 당초 부모가 기대했던 자녀들과의 화기애애한 대화는 아예 포기하는 편이 마음에 큰 상처를 받지 않는 방법일 지도 모른다.

동네에서 이름난 맛집이나 레스토랑에서 가족들이 모여 식사를 하는 경우도 조금만 가까이서 들여다보면 모처럼 한자리에 모인 식구들이 대화에 집중하기보다는 각자 핸드폰 메시지에 더 신경을 쓰고 있는 것을 보는 것도 그리 어렵지 않다.

과학문명의 발달로 우리 생활환경이나 여건이 나아지는 것은 당연하다. 특히 핸드폰의 등장은 사람들 간 상호 대화기능을 한 단계 업그레이드시켜 소통의 상징처럼 되었다. 그러나 이로 인해 정작 가장 가까이 있는 소중한 가족들과 '말은 많이 하되 진정한 대화는 실종'되었다고 개탄하는 목소리가 예사롭게 들리지 않는다.

부모와 자녀 간의 대화 단절

개인주의 성향이 강해지는 시대의 흐름상 부모와 자녀 간 대화는 더욱 영향을 받게 될 것이라는 생각이 든다. 아직 재학 중인 아이들을 돌보고 있든, 학교를 졸업하고 직장생활을 하는 장성한 자식들과 한 집에서 살고 있든, 부모라면 누구나 조금이라도 더 가까이 자식들에게 다가가려고 식사자리 등 기회만 나면 뭐라도 이것저것 물어보고 대화를 하고 싶어 한다. 그러나 자식들의 반응은 거의 한결같이 "지금 바쁘니까 나중에 이야기해요", "신경 쓰지 마세요. 제가 알아서 할게요"와 같이 영혼 없는 대답을 하면서 부모님에게 무안을 주지 않는 게 오히려 다행인 모습이 일상화되어 버린 지 오래다.

주로 산업화 이전 시대를 살아온 부모들의 소박한 바람은 자식들과 한자리에 오순도순 모여 앉아 정을 쌓고 자녀들의 최근 생활패턴이나 관심을 갖고 있는 분야에 대해 이야기를 나누고 싶을 뿐이지, 부모의 질문이나 관심표명에 대해 아랑곳없이 핸드폰을 꺼내드는 그런 모습은 아닐 것이다.

특히 장성한 자녀들을 둔 경우 새벽같이 출근하는 자식이 안쓰러워 많이 피곤할 텐데 컨디션 조절은 잘하고 있는지, 늦잠을 자는 바람에 출근이 늦었다며 아침밥도 굶고 허겁지겁 집을 나선 자식이 늦게나마 밥은 잘 챙겨먹고 있는지, 아니면 얼마 전 백화점에 들른 김에 직장에 출근하는 아들에게 주려고 고르고 골라 사준 새

넥타이를 보고 주변 동료들의 반응은 어떠했는지 등 지극히 소소하고 일상적인 내용일 것이다.

  부모님이 지방에 거주하고 계시든지 해서 서로 멀리 떨어져 생활하는 경우라면 자식들이 하루하루 무탈하게 잘 지내고 있다는 극히 소소한 일상에 대해 잠시만 틈을 내어 핸드폰 전화 한 통으로 진심어린 목소리를 들려드리는 것만으로도 효도라고 칭찬하고 하루를 행복하게 지내기에 충분할 것이다.

  국민건강보험공단을 통하든, 개인적인 필요에 따라 병원에서 정기적으로 받든 건강검진 결과를 보면 당장 수술이나 입원을 요한다거나 하는 큰 병은 아니더라도, 거의 대부분의 사람들이 필수항목처럼 빠지지 않고 주의를 요한다거나 지적받는 것은 다름 아닌 과체중이다. 오죽하면 건강검진을 마친 사람들이 모여서 "의사들이 권하는 대로 체중을 유지하려면 자연인 외에 아무도 없다"고 하면서 의사들이 의례적으로 하는 말이거니 하고 웃고 넘겨 버리는 풍조가 만연할 것인가! 옛날에는 먹을 게 없어 굶는 사람이 허다하고, 동네에서 소위 돈을 좀 벌었다 하는 부자들의 상징적인 자태는 우선 배가 나와야 하는 시대도 있었다. 그러나 요즘 세상에 배를 앞으로 쑤욱 내밀고 다닌다고 해서 '저 사람 부자구나' 여기는 사람은 아무도 없을 것이다.

  인터넷세대 또는 MZ세대들은, 비단 연예인이 아니더라도, 다이어트와 미용을 위해 비싼 돈 들여 살 빼는 약까지 사먹는 시대에 살다 보니 전혀 남의 나라 이야기같이 현실감이 떨어지고 실감도 나지 않을 것이다. 하지만 필자 또래의 연배에 접어든 사람들이 어렸을 때만 해도 잠들기 전 할머니나 부모님으로부터 즐겨듣던 옛 날이야기들이 있다. 이 중에는 가난한 살림살이에 고기를 드시고 싶어 하는 부모님을 위해 반찬을 살 돈이 없는 딸아이가 자신의 머리카락을 팔아서 부모님 밥상에 고기반찬을 올려드렸다거나, 눈먼 아버지를 위해 공양미 삼 백석에 팔려 임당수 앞바다에 초개와 같이 몸을 던진 효녀 심청이 이야기를 빼놓을 수 없을 것이다.

그 때는 심청이 정도가 되어야 효자 소리를 들을 수 있으려니 하고 생각했는데 요즘 우리의 자녀들은 다행스럽게도 핸드폰 한 통만으로도 쉽게 효자소리를 들을 수 있을 것 같다. 그것도 통신사측의 경쟁적인 마케팅 전략으로 아무리 멀리 떨어져 계신 부모님과 오랜시간 통화를 하더라도 별도 요금이 청구되지 않는 그런 핸드폰 하나로도 말이다. 시대흐름에 따라 부모 자식 간 대화가 실종되다시피 하고 심지어 한 집에 살아도 꼭 필요하거나 특별한 일이 없는 한 서로 대화보다는 독립된 생활패턴에 익숙해진 지 오래이고 핸드폰이 없이는 한시도 못사는 듯 핸드폰을 손에 들고 사는 현실에서, 고향에 계신 부모님에게 소소한 안부전화만 열심히 해도 적어도 효자효녀 소리를 듣는 데는 문제가 없을 것이다.

아아, 나의 아버지

시골이 고향인 필자는 5년 전 90세를 일기로 어머니가 먼저 세상을 떠나셨고 홀로 되신 채 4년 가까이를 시골 고향집에서 더 사신 아버지마저 지난해 97세를 넘기지 못하고 돌아가시는 바람에 '고아'가 되고 말았다. 어릴 때 어머니 대신 팔베개를 즐겨 해주시던 할머니도 95세까지 큰 병치레 없이 건강하게 사시다가 운명하시는 등 조상님들의 내력을 보아서는 나름 장수집안인 것 같다.

할머니는 돌아가시는 순간까지도 필자의 부모님을 세상에 둘도 없는 효자효부라고 늘 동네방네 자랑하셨으며, 실제 어릴 때 필자의 눈에 비친 부모님께서는 당신들의 부모님이자 조상님들께 효도를 다하신 그런 분이셨다. 할머니가 운명하시던 마지막 순간까지 일곱 명이나 되는 당신의 아들과 딸들을 다 물리치시고 며느리인 필자의 어머니 손을 꼭 잡으시고는 "한 평생 잘해줘서 고맙다"는 애정 어린 인사를 하신 뒤 떠나신 걸 보면 효부효자이신 것만은 분명한 사실이다.

어린 시절 효성이 깊으신 부모님 밑에서 보고 자라서인지, 5남매 중 막내라서 부모님에 대한 애정이 다른 형제들보다 강해서 그런지 몰라도 필자는 서울로 올라와 떨어져 생활하기 시작했을 때나 심지어 직장관계로 해외에서 거주할 때도 거의 매일 부모님께 전화하는 것은 빠뜨리지 않았다.

필자도 똑같은 부모라고는 해도 이 세상 대부분의 자식들이 그렇듯 아무래도 아버지보다는 어머니가 더 편하고 애정이 가서 주로 어머니와 통화하는 것을 좋아했다. 그러다 보니 핸드폰이 처음 출시되었을 때 맨 먼저 어머니와의 원활한 통화를 위해 핸드폰부터 사드렸다. 지금 생각해도 다시금 그 얼굴이 떠오르고 그리움에 눈시울이 붉어지지만 당시 어머니와는 무슨 할 말이 그리 많았던지 거의 매일 통화하면서도 꽤나 오랜 시간 수다를 떠는 게 보통이었다. 그렇지만 혹여라도 피치 못할 사정으로 아버지가 대신 전화를 받으실 때는 엄마와는 적어도 5분 이상 걸리던 통화시간이 아이러니하게도 10초를 넘기기가 어려웠다.

아버지는 아예 "엄마가 지금 화장실에 있으니 조금 있다가 다시 전화해라" 하시거나 "핸드폰을 집에 두고 외출했는데 아마도 30분정도 후면 통화 될 거다" 이런 정도의 간단한 대화를 주고받고는 통화를 종료하는 게 보통이었다.

어머니가 돌아가신 후 아버지가 고향집에 홀로 계신 뒤로는 그간 주로 어머니와만 통화를 했던 데 대한 미안함과 함께 이러다가 아버지마저 돌아가시면 그리운 부모님 목소리를 더 이상 듣지 못할 것이라는 생각에 오전과 오후 두 번씩 전화를 드렸다. 가사도우미 할머니가 계시기는 했지만 어머니가 계시지 않은 상황에서 막내아들과 매일 전화 통화하는 것이 유일한 낙이라고 입버릇처럼 말씀하셨는데 결국은 4년도 지나지 않아 그 목소리를 더 이상 들을 수 없게 되어버렸다. 이제 와 돌이켜본들 아무 소용이 없지만 더 자주 찾아뵙고 더 자주 안부 인사를 드리지 못했던 게 내내 한스럽기만 할 뿐이다.

사실 어머니가 주무시다가 갑자기 돌아가시면서 제대로 작별인사도 못 나눈 터라 필자는 홀로 남겨진 아버지마저 언제 이 세상을 떠나실지 모른다는 생각을 하게 되었다. 그래서 무슨 일이 있더라도 아버지 살아생전 하루에 두 번씩은 예전 어머니와 통화하듯 핸드폰으로나마 안부를 여쭙겠다고 다짐하고선 아버지가 이 세상을 떠나실 때까지 그 약속만큼은 꼭 지켰다. 사실 어머니도 아닌 아버지와 매일 두 차례씩 통화하면서 무슨 그리 재미가 있었겠냐만 대화도 습관이라 어머니와 달리 처음에는 다소 어색하기까지 했지만 점차 통화 시간이 늘어나면서 다양한 일상에 대해 대화를 나누었다.

아버지도 열심히 화답하시면서 이것저것 그간 아껴두었던 재미있는 이야기나 미래에 당신이 안 계실 때 자식들 입장에서 처리해야 할 집안문제 등 소소한 주제로 대화를 나누었다. 어디서 무얼 하든 오전 10시 30분과 오후 4시 30분에 약정했던 아버지와의 핸드폰 통화가 필자의 중요한 하루일과가 되면서 소통의 통로 역할을 했던 것 같다. 아버지의 목소리가 많이 그립다.

핸드폰 통화 한 통으로 심청이 되기

아버지는 돌아가실 때까지 예전에 어머니가 사용하시던 핸드폰을 그대로 물려받아 쓰셨다. 두 분이 다 계시지 않는 지금 필자는 그 핸드폰을 가끔 만져보면서 당시 나누었던 대화들과 소중한 기억들을 떠올리고는 한다. 살아생전 아버지께 전화를 드리면 예전에 어머니가 그러하셨듯이 "여보세요" 또는 "누구세요"라는 응대 대신 대뜸 "우리 효자야" 또는 "박 박사"라고 부르시고는 웃음부터 지어주셨다. 그 시간에 전화를 하는 사람이 아마도 필자밖에 없어 그러셨을 것이다.

부모님께서 당신들의 부모님께 하신 효성에 비하면 발바닥도 따라가지 못할 만큼 보잘 것 없는 정성에 스스로가 부끄럽지만 아버지가 막내아들의 전화에 그렇게 좋아하셨으니 나도 마냥 즐거웠다. 간밤에 잘 주무셨는지, 아침운동은 하셨는지, 가사도우미가 차려드린 식사가 입맛에 맞으시는지, 이번에 새로 들어온 최 여사는 지난번 가사도우미 김 여사보다 더 상냥하고 깔끔하게 청소를 잘 하는지 등 시시콜콜하고 늘 반복되는 대화를 했다. 이와 함께 간단한 건강상식이나, 필자가 공부를 해서 조금은 알고 있는 화재와 지진 등 예기치 않은 재난상황 발생 시 행동요령 등에 대해서도 대화를 나눴다.

어머니나 아버지와 핸드폰 데이트를 하는 동안에는 현대판 심청이가 따로 없었다. 비록 옛날이야기처럼 돈이 없어 머리칼을 잘라 고기반찬을 해드리거나 봉사 아버지 눈을 뜨게 하려고 공양미 300석에 몸을 팔아 임당수 바다에 뛰어든 그런 효도는 아니더라도 멀리 떨어져 홀로 계신 부모님께는 그저 돈이 들지 않는 핸드폰 통화 하나로도 충분히 심청이와 같은 반열의 효자가 되어 있었다.

 아마도 이 세상 모든 부모님들이 자식들에게 바라는 것은 그리 엄청나거나 큰 것이 아니라 일상에서 궁금해 하시는 자식들의 소소한 이야기이거나 멀리 떨어져 서로 자주 얼굴을 보지 못할 때에는 따뜻한 안부인사 하나만으로도 충분할 것이다. 필자는 누구든 핸드폰 하나로도 충분히 정성을 다할 수 있는 '현대판 심청이'가 될 수 있다고 굳게 믿고 있다.

02
가장 확실한 계약서는 문서가 아닌 신뢰

우리는 부동산 거래나 비즈니스 차원에서의 계약은 물론 전화를 통한 간단한 물품이나 배달음식 주문에 이르기까지 끊임없이 누군가와 거래를 한다. 그리고 문서든 구두로든 이와 관련된 계약을 맺으며 살아간다. 상대방과 계약을 맺는 이유는 그 성격이나 종류에 따라 다양하겠지만 근본적으로는 서로가 상대방을 믿지 못하기 때문일 것이다. 부모자식이나 부부 등 가족 간에는 서로에 대한 무한 신뢰가 있어서 계약 없이 아무리 중대한 일을 하더라도 아무런 불편함이 없다. 우리가 일상생활에서 접하는 다른 사람들과도 신뢰라는 믿음만 확실하다면 별도의 계약서는 필요하지 않을 것이다.

  아무리 훌륭한 변호사를 동원하여 작성한 계약서라도 상대가 속이거나 문제를 일으키려고 마음만 먹으면 얼마든지 트집을 잡을 빌미를 주거나 허점이 있을 수 있다. 철 도장을 날인하고 작성한 문서도 서로의 이기심이나 변심에 따라 언제든 파기될 수 있다. 그렇기 때문에 무엇보다도 신뢰가 중요하다. 특히 현대사회에서는 과거와 달리 거의 모든 일처리가 대면보다는 온라인으로 이루어지고 있는 만큼 서로에 대한 믿음을 바탕으로 한 신뢰가 그 어떠한 계약서보다 낫다고 말할 수 있다. 먼저 상대방으로부터 확고한 신뢰를 먼저 얻어낸다면 그 사람의 마음을 얻을 수 있기 때문이다.

다양한 만남이 이루어지는
해외 공관

해외공관은 흔히 '작은 정부'라고 한다. 미국이나 중국과 같이 거의 모든 정부부처에서 파견된 공관원들이 모여 근무하는 공관부터, 공관장과 몇몇 부처에서 파견된 소수의 인원이 근무하는 소규모 공관에 이르기까지 우리 국익의 중요도에 따라 국가별로 다양한 종류의 공관이 존재한다. 필자가 과거 유럽 국가에서 근무할 당시에는 그리 많지 않은 공관원들이 근무했다. 그래서 담당하고 있는 고유업무 이외에도 경우에 따라서는 주재국의 고위관리나 공공기관에 근무하는 사람들을 만났다. 규모가 작은 행정외청이더라도 교민들의 민원이 자주 접수된다든지 해서 우리 공관과 이해관계가 얽혀 있다면 다양한 사람들과 접촉하면서 우리 국익에 필요한 다양한 활동을 비밀리에 수행하기도 했다.

다양한 신분의 사람들과 교류를 하다 보니 만남의 성격이나 동기도 천차만별일 수밖에 없었다. 주어진 외교미션을 완성하기 위해 만남을 가져야할 대상자에게 공관 비서를 통하거나 전화나 이메일을 통해 공식적으로 면담을 요청할 수도 있지만, 업무성격상 비공개 또는 비공식적인 만남을 가져야 하는 경우도 허다했다.

공개적인 만남은 아무래도 서로에게 부담이 적고 또 업무성격도 그리 난해할 것이 없어 먼저 가벼운 식사자리 정도를 가진 후 필요하면 친분 유지 차원에서 추가 만남으로 이어지기도 했다.

그러나 교민들의 민원이나 애로사항 해소 등 조용하고 비공개적으로 처리해야 하는 다소 어려운 업무 수행을 위해 개인적으로 만남을 가져야 하는 경우에는 무엇보다도 대상자가 우리 공관원의 비공개 방문이나 접촉 제의에 선뜻 응해줘야 가능했다. 그런데 통상적으로는 상대편이 만남 자체에 대해 부담감을 갖거나 쉽게 응하지 않는 경우가 많았다. 천신만고 끝에 만남이 성사된다고 하더라도 우리 정부나 공관 차원에서 요청하는 사항을 거부감 없이 처리해줄지 여부가 미지수인 등 여러 복잡하고도 어려운 단계를 거쳐야 가능했다.

신뢰 관계에는
기다리는 시간도 필요

운이 좋게도 필자는 주어진 미션 수행을 위해 각계각층의 다양한 인물들을 만나거나 친분관계를 유지하는 데 별다른 어려움이 없었다. 그런데 한번은 우리 공관의 원활한 업무 처리를 위해 꼭 필요해서 소위 '우리 편으로 만들어 친구 맺기'를 해야 하는데 전임 공관 근무자들 가운데 만남을 성사시킨 사람이 아무도 없을 만큼 외국인과의 만남 자체에 대해 거부감을 갖고 있는 인물이 있었다.

 필자는 주변 친구들로부터 대상자가 거의 매일 퇴근 후 집 근처 헬스클럽에 다니고 있다는 사실을 들었다. 마침 그리 멀지 않은 곳인데다 필자 자신도 운동을 할 필요성을 느껴 같은 클럽에 회원으로 등록했다. 근 3개월 가까이를 운동을 할 때는 물론 단둘이 탈의실에서 조우할 때도 가벼운 눈인사 이외에 전혀 말을 걸거나 자신을 의식하고 있다는 부담을 주지 않으려고 애써 외면까지 하면서 때를 기다렸다.

그러던 중 하루는 대상자가 먼저 필자에게 가볍게 인사를 건네면서 아는 체를 했고 이후 자연스럽게 식사자리로 연결되면서 개인만남으로 이어졌다. 그 이후에도 수개월동안 대상자가 부담스러워하는 업무관련 이야기를 화제에 올리지 않고 서로의 취미활동이나 자녀이야기, 또는 양국의 문화와 역사를 소재로 환담을 나누면서 필자에 대해 인간적인 매력과 신뢰감을 갖도록 하는데 주력했다.

그러던 어느 날 저녁 필자의 자택에서 저녁식사 자리를 갖게 되었다. 술이 거나하게 취한 대상자는 "같은 헬스클럽에서 운동을 하면서 만난 인연으로 그동안 수차례 식사자리와 운동을 같이 하며 비교적 오랜 기간 필자에 대해 지켜본 결과, 어떠한 경우에도 결코 자신을 해롭게 하거나 궁지로 몰아넣을 사람 같지 않아 보여 좋다"면서 호감을 표했다. 그러고는 자신이 소규모이지만 단위 행정관청의 책임자 입장에서 취급하고 있는 업무를 비교적 자세히 설명해 주면서 혹시 우리 공관업무 수행에 필요한 사항이 있다면 친구 입장에서 언제든 도움을 줄 수 있다는 의사를 넌지시 비쳤다.

필자는 그 순간을 오랫동안 간절히 기다렸던 터라 속으로는 쾌재를 불렀지만 겉으로는 '대상자가 무슨 일을 하는 사람이건 상관없이 그저 같이 운동하다 만나 오래된 친구와 같은 좋은 감정을 갖고 있으며 앞으로 무슨 일을 같이 하더라도 서로 믿음을 갖고 끝까지 함께할 수 있는 친구'라고 덕담을 건네면서 상대방의 부담감을 줄여주었다. 그러다보니 남은 저녁시간은 술과 함께 더욱 좋은 분위기 속에서 채워나갈 수 있었다.

 이후 몇 차례의 만남을 이어가는 동안에도 전과 다름없이 대상자가 부담을 가질 만한 업무와 관련된 대화는 삼가고 상호 인간적 친분과 신뢰를 쌓는 데 공을 들였다. 비록 대상자가 우리 공관에서 필요로 하는 업무에 협조를 다짐했지만, 설불리 친구와 같은 신뢰와 협조채널이 성립되었다고 믿고 교민들의 애로사항을 한꺼번에 해소할 욕심에서 이것저것 부탁하다가는 설익은 상태에서 얻은 결과물이라 그다지 큰 영양가가 없을 것이기 때문이었다.

 그래서 시간이 걸리더라도 대상자가 보상이나 보답 또는 상호 계약관계 같은 것으로부터 완전히 벗어나 그야말로 상호 인간적 신뢰관계를 바탕으로 확실한 믿음이 바탕이 되는 관계에서 우리 공관 업무에 협조해 올 때까지 기다렸으며, 결국 그렇게 해서 친구가 될 수 있었다.

 지면상 소상하게 밝힐 수는 없지만 우리 공관에서 애로를 느끼는 업무가 생길 때 그분으로부터 참 많고도 큰 도움을 받았다. 그

분과 단순히 협조에 대한 보상 또는 보답을 전제로 한 계약관계로 협조관계를 유지했더라면 그리 큰 결과물을 만들어내지 못했을 것이다. 비즈니스나 마케팅은 물론 사람 간에 이루어지는 각종 거래에 있어 '가장 안전하고 훌륭한 계약'은 상호 신뢰를 바탕으로 한 믿음이라는 사실을 절감하게 해준 경험이었다.

03
상대의 아픔을
진정으로 함께 나눠야

미국의 청소기 제조기업과 인연을 맺어 해외 판매권을 갖고 있는 가장 친한 친구로부터 들은 이야기가 떠오른다. 이 업체는 전 세계의 가정과 사무실 등에서 널리 사용되고 있는 청소기를 거의 100년 전에 최초 생산한 이래 지금까지 여타 전자기기로 아이템을 확대하지 않고 오직 청소기 하나만을 고집하면서 지속적으로 기술 업그레이드를 해오고 있다.

극極 찬티와 안티의 심리

필자의 친구는 이 업체의 청소기가 100년 가까이 축적된 기술개발을 통해 생산되고 있는 명품인 만큼 동종의 어떠한 제품과 비교해도 성능이나 기술적 측면에서 우수하다고 확신하고 있다. 그래서 누구에게 소개·판매해도 전혀 부족함이 없는 청소기라는 자부심을 갖고 수 십 년째 이 제품 판매업에 종사하고 있다. 그러다보니 필자에게 마케팅 이야기를 자주 하는데, 그 중에서 기억에 남고 공감이 가는 내용은 다음과 같다.

> 통상 일반 고객들은 자신이 어떤 제품을 구입하게 되면 그 제품에 대해 애정을 갖고 스스로 주변 지인들에게 소개하고, 주변사람들로부터 그 제품을 구입해도 괜찮은지 문의 받으면 거의 대부분 극찬을 하면서 마치 자신이 판매자라도 된 것처럼 그 제품에 대한 홍보를 하는 경향이 있다.
>
> 그러나 자신이 오랫동안 고민하다가 가격이 맞지 않거나 해서 결국 구입하지 못했거나 또는 안 했을 경우에는 거의 정반대의 태도를 보인다. 즉, 사실은 제품가격이 부담스러워서 구입을 포기했는데도 누군가 주변 사람이 그 제품에 대해 문의하면 가격이 높아 구입하지 못했다는 이야기는 쏙 빼고 '제품이 그저 그렇다'거나 '그리 마음에 드는 모델이 아니라 구입하지 않았다'고 하는 식으로 극極 안티로 변해버리는 게 일반적

인 경향이다.

  소비자들의 이런 특성 때문에 필자의 친구는 주변에 미치는 긍정적 영향이 크다든지 해서 특정인이나 특정단체를 대상으로 꼭 그 제품을 판매해야 한다고 마음먹은 경우에는 다소 손해를 보더라도 반드시 목표를 성사시키고야 만다면서 오랜 기간 마케팅 활동을 통해 축적된 자신만의 노하우에 대해 설명해 주고는 했다. '인간은 내면적으로 자기방어 본능이 잠재되어 있어 자신이 속한 대상이나 집단에 대해 동질감이나 애정을 가지면서도 자신이 속하지 않은 대상에 대해서는 은연중 방어본능이나 거부감을 갖고 있다'는 심리학적 측면에서 어느 정도 공감이 가는 부분이다.

  전자제품 하나를 구입하는 과정에서도 이처럼 개개인의 특성으로 인해 극(極) 찬티 또는 안티로 나뉘어지는 독특한 반응을 보이는데, 일상에서 마주하는 사람들과의 관계에서는 훨씬 더 복잡하고 미묘한 감정이 작용할 것이다. 우리가 매일 마주치는 사람들과의 관계에서 상대방이 지니고 있는 그들만의 슬픔이나 어려움을 진정으로 안타까워하면서 아픔을 같이 느끼며 다가갈 때 그 사람의 마음을 얻는 게 그리 어렵지 않을 수도 있다.

같은 반 학생에게
수술비를 지원하다

과거 동유럽 국가에서 유학생활을 할 때 필자는 그 나라 국립대학교 대학원에서 국제관계학 석사학위를 취득하기 전에 먼저 지방에 소재한 대학교에 입학해서 1년 코스 어학과정을 이수했다. 그 나라는 국가정책의 일환으로 주로 아프리카나 중남미 국가 등 저개발 국가 학생들을 매년 수 백 명 단위로 선발하여 지방소재 대학 등에서 어학과정을 집중 이수하게 한 후 전국 각 대학에 정식 입학하도록 했다.

당시 필자는 그 나라 언어를 하루라도 빨리 터득하려는 생각으로 평균 열 살 이상 어린 15명의 학생들 틈에 섞여 같은 클래스에서 공부했다. 필자가 속한 반은 이라크와 중남미에서 온 학생 각 1명 – 이라크 학생은 중도에 학업을 포기하고 귀국 – 을 제외하고는 전부 아프리카 출신이었다.

이들 학생들은 필자와 달리 학비와 기숙사비가 전액 무상이었는데, 대신 1년간 정부에서 제공하는 기숙사에 집단으로 거주해야 했다. 필자는 국내에서 공무원으로 근무하다가 석사학위 취득을 위해 유학을 떠난 덕분에 새삼 옛날 대학시절로 다시 돌아간 듯 하루하루가 행복하고 즐거웠다. 특히 같은 반에서 공부하는 학생들이 필자의 나이를 모르고 자신들의 또래로 짐작하고선 막역한 친구처럼 대하는 바람에 더욱 신이 났다.

지금 돌이켜보면 업무에 대한 스트레스를 받지 않는데다 출근해서 눈치보고 혼날 상사도 없이 그저 공부만 열심히 하면 되던 그런 시절이었으니까 동유럽에서 유학생으로 공부하던 때가 인생에서 가장 행복한 시기였다. (물론 운이 좋게도 국가로부터 너무나 큰 혜택을 받았다는 고마운 마음으로 공직에 몸담았던 30년간은 어느 누구와 견주어도 부끄럽지 않다고 자부할 만큼 충실하게 근무했다.) 같은 반 친구들의 초청으로 학생들이 집단으로 거주하는 기숙사를 자주 방문하고, 개별국가의 학생들이 따로 모이는 이벤트에도 수시로 참여하고는 했다.

세계 각지에서 막 대학에 입학할 나이의 학생들이 모여서 생활하고 있는데다 한창 외국생활이 신기해서 들떠있던 시기다 보니 기숙사에서는 주말파티 등 즐거운 일이 많았다. 그렇지만 학생들 간 패권다툼이나 폭력사건 등도 수시로 발생했다. 특히 학기 초에 아랍계 학생들이 이스라엘(?)에서 온 학생을 칼로 찔러 살해하는 사건이 발생했다. 정치논리에 휩싸인 패싸움이나 살인사건 분위기가 어학과정을 공부하는 학교에까지 이어져 필자 입장에서는 신변안전이나 치안이 다소 불안했던 게 늘 고민거리였다.

앞에서 말한 것처럼 필자가 속한 반은 아프리카 출신 학생들이 주류를 이루었는데, 아무래도 필자가 이들 학생들보다 경제적으로 여유가 있고 또 당시 동유럽 국가의 물가가 서유럽보다 훨씬 낮다보니 같은 반 학생들의 숙소를 방문할 때면 생필품을 잔뜩 사다주기도 하고 생일이나 기념일에는 단체로 시내 레스토랑으로 데리고 가서 식사대접을 하는 등 학생들을 챙겨주게 되었다.

그중에는 선천적으로 소아마비를 앓아 목발을 짚고 다니는 학생이 한 명 있었는데, 장애로 불편한데도 성격이 매우 낙천적이고 소탈한 데다 필자를 좋아해서 잘 따랐다. 필자로서는 그리 익숙하지 않은 까만 피부에다 바짝 마른 몸매에 목발까지 짚고 있어 왠지 인간적 동정심이 느껴졌다. 그러나 겉으로 내색을 하지 않고 등하교 시간에 마주치거나 또는 개인 볼일이 있다거나 할 때 흔쾌히 차편을 제공해 주는 등 나름 성의를 다해 정을 베풀었다. 그래서인지 이 학생은 물론 같은 반 아프리카 출신 학생 모두가 필자를 잘 따랐다.

그러던 어느 날 이 학생이 한동안 장기결석을 했다. 감기에 걸렸거나 잠시 고국을 방문했거니 했는데 클래스의 담임을 맡고 있는 현지인 여교사가 긴히 논의할 일이 있다면서 필자에게 따로 면담을 요청해서 식사를 같이 했다. 담임교사는 그 학생이 소아마비인데다 최근에는 눈에 이상을 느낀다고 해서 병원에 데리고 가 검사를 받았는데 급히 수술을 받지 않으면 실명할 위기에 처해 있다고 설명했다. 그러고는 수술비가 400불이 소요되는데 학생의 사정을 감안하여 자신이 200불을 마련해서 도와줄 작정이지만 나머지 돈을 마련하지 못해 걱정이라고 덧붙이면서 마치 자신의 일인 양 안타까워했다.

필자는 그 자리에서 수술에 필요한 나머지 200불을 제공하면서 당사자는 물론 같은 반 학생들에게 이 사실을 알리지 않도록 요청했다. 담임교사는 마치 자신이 호의를 받은 것처럼 거듭 고마움을 표했다. 필자는 오히려 당시 그 나라 대학교수 월급의 거의 절반에 해당하는 금액을 멀리 타국에서 온 제자를 위해 쾌척하려는 교사의 선의에 감동했다면서 따뜻한 감사의 인사를 전했다. 이후 그 학생은 수술을 무사히 끝내고 다시 등교했고, 필자는 여느 때와 같이 아무 것도 모르는 것처럼 그 학생을 대했다.

아리랑 합창과 선물의 깜짝 이벤트

그해 겨울 크리스마스 때 그 학생은 필자에게 자신의 숙소를 꼭 한번 방문해 달라고 거의 졸라대듯이 요청했다. 다른 학생들 숙소를 방문할 때 하던 대로 간식거리와 생필품을 챙겨 숙소를 방문했는데, 그 학생은 자신의 방이 아닌 기숙사 구내식당으로 필자를 데리고 갔다. 웬일인지 구내식당 모퉁이 구석진 장소에 같은 반 학생들뿐 아니라 어림잡아 3-40명은 되어 보이는 아프리카 학생들이 모여 반갑게 맞아주었다. 그 친구의 제의로 같은 나라에서 온 학생들이 필자를 위해 특별한 이벤트를 준비한 것이었다.

 필자가 자리에 앉자 그 친구는 '한국이라는 먼 나라에서 온 친구에게'로 시작되는 편지를 읽기 시작했으며 다 읽을 즈음에는 필자에게 와락 안기고는 눈물까지 보이며 고맙다는 인사를 거듭했다. 분위기를 대강 짐작하면서도 다소 의아해하고 있는데 나머지 친구들은 어디서 배웠는지 한 친구의 선창으로 아리랑 노래를 합창했다. 어떤 여학생은 친구들이 특별히 손으로 만들었다면서 아프리카 고유 재질의 지갑을 선물했다. 필자가 태어나서 처음으로 받은 특별한 크리스마스 선물이었다.

 얘기를 들어보니 담임교사가 필자와의 약속을 어기고 그 친구에게 필자의 호의를 알려주었고 이에 그 학생은 주변 아프리카 친구들에게 이 사실을 알리고서는 자기들끼리 감사의 마음을 전달하려고 기숙사 구내식당에서 작은 이벤트를 준비한 것이었다. 적다고는 할 수 없지만 어려움에 처해있는 그 학생을 위해 성금을 후원한 것 치고는 크지 않은 금액이었는데 당시 자리를 함께 했던 아프리카 출신 학생들이 두고두고 필자를 기억하고 한국에 대해 호감을 갖게 된 것을 생각하면 분명 수지맞는 장사를 했던 것 같다.

　세상을 살아가다 보면 갖가지 어려움에 처해 주변의 도움을 필요로 하는 사람들과 가끔 마주치게 된다. 장애인이나 곤경에 처해 있는 사람들을 보면서 동정심의 발로에서 선행을 베푸는 것도 의미 있지만, 그 사람의 처지를 자신의 아픔으로 승화시켜 마음속 깊은 곳에서 우러나는 인간애로 대하면 작은 선의도 큰 감동으로 다가올 수 있다는 사실을 지금도 굳게 믿고 있다.

04
사랑으로 되돌려 받은
작은 인연

인간은 태어나면서 누구나가 존엄하고 귀한 존재이며 언제나 행복하게 살아야 할 권리가 있다. 하지만 실제로는 꼭 그렇게 되는 것만은 아니라는 것을 우리는 경험으로 잘 알고 있다. 사람을 차별하면 안 된다는 교육을 어릴 적부터 받고 자라 왔지만 우리가 매일 마주하는 일상에서는 의식적이건 무의식적이건 상대방의 지위나 위치에 따라 자기도 모르는 사이에 사람을 차별하는 법을 먼저 익히면서 오래된 습관처럼 몸에 배어 버리고 만다.

우스갯소리로 서울 시내 한복판에 가면 숨 한번 크게 쉬는 짧은 순간에도 세계적으로 알려진 고가의 명품들을 만나는 게 그리 어려운 일이 아니라고 한다. 이제 막 직장생활을 시작한 젊은이들이 고가의 명품에 먼저 눈을 돌리는 것도 겉으로 나타나는 모습으로 사람을 평가하고 대접하는 사회분위기에 익숙해지기 위한 자기방어이자 자기만족이 만들어내는 풍속은 아닌가 하는 생각이 든다.

사람을 판단하는
그릇된 잣대

얼마 전 우연히 같은 동네에 살고 있는 선배 한 분을 만나 식사를 하게 되었다. 그 분은 요즘 철없는 새내기 엄마들이 초등학교에 입학하는 자녀들에게 제일 먼저 가르치는 것이 '우리집 아파트 평수보다 작은 집 애들하고는 놀지 말고 넓은 평수에 사는 애들하고 친구가 되어야 한다'는 것이라며 어려서부터 사람을 갈라치기 하는 법을 먼저 교육받고 있는 현실을 개탄하셨다. 물론 예전에도 '골프장이나 고급식당이 위치한 건물에 차를 몰고 가면 똑같은 손님인데도 자동차 종류나 등급에 따라 주차관리와 발레 파킹을 도와주는 근무자들의 눈빛과 인사방법이 달라서 조금 무리를 해서라도 큰 차로 바꾼다'는 농담조의 이야기를 심심찮게 들곤 했다.

　유독 우리나라 사람들이 겉으로 드러난 모습에 신경을 많이 쓰고 그것을 상대방을 판단하는 잣대로 삼는 것 같다. 급격한 산업화 과정을 겪으면서 올바른 정신문화가 제대로 정착하기 이전에 그릇된 물질만능주의가 먼저 자리를 잡은 데서 파생된 부산물이라고 진단하는 사람들이 많은데, 그만큼 치열한 경쟁 속에서 각박하게 생활하고 있는 현실을 그대로 반영하고 있는 것 같아 씁쓸하다.

　속속들이 그 내막을 다는 알지 못하지만 필자의 해외생활 기억으로는 사람 사는 동네에 당연히 차별이나 구분은 있을지라도 단순히 겉모습이나 직업으로 상대를 평가하고 막 대하는 그런 분위기는 아닌 듯했다. 사회적으로 성공한 사람들에 대해서는 당연히 때와 장소에 따라 그만큼 대접하고 인정해 주지만 적어도 겉으로 드러난 부나 사회적 지위로 상대를 평가하지는 않았던 것 같다.

　서울에 살고 있는 대부분의 사람들이 제주도에는 친척이 없을지 몰라도 집안 친척 중 누군가는 미국에 이민을 가서 살고 있거나 직장관계로, 또는 유학생 신분으로 현지에서 생활하고 있다고들 한다. 그만큼 미국이라는 나라는 우리에게 친숙하면서도 가까운 나라가 되어 있다. 오죽하면 LA나 뉴욕같은 경우에는 한국의 경제상황이나 경기 변동에 따른 파급효과가 국내에서와 마찬가지로 실시간으로 한인들에게 직접 영향을 미친다고 할까?

 필자는 미국의 서부와 동부지역에 소재한 공관에 모두 근무한 적이 있어 미국에 사는 우리 교민들의 생활상을 비교적 잘 알고 있고, 아직도 서울을 방문하면 연락을 해와서 같이 식사를 하는 등 교류중인 한인들이 많이 있다. 미국은 인종전시장이라고 할만큼 우리 교민을 포함한 다양한 민족들이 모여 산다. 엄격한 공권력이나 행정력을 바탕으로 사회질서를 유지하다보니 간혹 소수민족 측에서 제기하는 인종차별 문제가 사회적 주요 이슈로 불거져 나오기도 한다. 그래도 사람을 겉모습을 보고 판단하거나 직업에 따라 특별히 달리 우대해주는 분위기는 아닌 것 같다.

 미국에서 생활하다보면 우리나라뿐 아니라 전 세계적으로 알려진 베스트셀러 작가라든가 하버드대 유명 교수들, 또는 영화 속에서나 만날 수 있는 할리우드 스타들이 청바지나 반바지 차림으로 길가에 있는 햄버거 가게나 카페에서 일반 사람들과 어울려 평범하게 시간을 보내는 장면들을 자주 목격한다. 그런 걸 보면서 미국은 적어도 겉모습이나 직업의 귀천을 따지는 분위기는 아니라는 생각이 들었다. 가끔 우리나라 언론을 통해 보도되듯 부유층 인사가 자신의 운전기사에게 몹쓸 짓을 한다거나 백화점이나 마트 같은 곳에서 돈이면 모든 것이 다 해결되는 것인 양 점원을 깔보고는 함부로 대하다가 공개 망신을 당한다거나 하는 그런 문화는 아닌 것이다.

잃어버린 지갑을 되찾다

예전에 어르신들은 '절대 사람을 차별해서는 안 되고 오히려 자신보다 조금 모자라거나 부족한 이들에게 정을 베풀면 열배백배 복덕으로 돌아온다'고 말씀하셨다. 필자는 이 말이 전혀 틀린 말이 아니라는 것을 무수히 절감했다. 다음은 필자가 경험한 그런 사례 중 하나다.

미국 동부지역에 소재한 영사관에서 근무할 때 우리 공관은 고층 건물 중 일부 층을 임대해 사용하고 있어서 같은 빌딩에서 일하는 현지인들과 수시로 마주쳤다. 그들 중에는 멕시칸계로 보이는 청소부도 있었는데 나이가 제법 많은데도 유달리 성격이 쾌활해서 필자와는 마치 오래된 친구처럼 지냈다. 그분이 하는 일이 청소일인데다 무거운 짐을 들고 다니는 경우가 많았다. 주로 필자가 먼저 인사를 건네거나 짐을 들어주고, 가끔 간식거리가 생기면 방으로 불러 별도로 챙겨주었다. 그래서인지 몰라도 건물 출입 시 마주치면 다른 사람들이 놀랄 정도로 정겹게 대해주면서 좋아했다.

필자가 처리해야 하는 업무 중 가장 많은 비중을 차지하는 것이 사람들을 상대하는 일이었다. 그래서 일과 후에 자료나 문서 정리 등 잡다한 일들을 하다 보니 통상 다른 동료들보다 늦게 퇴근하는 경우가 많았다. 어느 날 급한 용무를 처리하다 저녁약속 시간에 쫓긴 나머지 약속시간에 늦지 않으려고 허겁지겁 달려 나가는 바람에 실수로 지갑과 수첩을 복도에 떨어뜨린 적이 있었다. 손님과 저녁식사를 마치고 계산을 하려다 보니 지갑이 없어서 몹시 당황했다. 지갑도 지갑이지만 메모가 적힌 개인수첩을 분실했다는 사실이 더욱 난감했다.

 늦은 시간이지만 집으로 바로 퇴근하지 못한 채 혹시나 하는 마음으로 다시 영사관 건물로 돌아왔는데 1층 로비에서 바로 그 청소부가 필자를 기다리고 있었다. 퇴근 전 마무리 청소를 하던 도중 사무실 근처에서 필자가 떨어뜨린 지갑과 수첩을 주웠는데 모든 직원들이 퇴근하고 없어 혹시나 지갑과 수첩을 찾으러 다시 사무실에 들를 수도 있겠다는 생각에서 퇴근도 안 하고 필자가 올 때까지 무작정 기다렸다고 한다.

 너무나도 가슴이 뭉클했지만 "아니 내일 아침에 전해줘도 될 텐데 뭐하러 이렇게 늦은 시간까지 퇴근도 안 하고 기다리고 있나요?" 하면서 짐짓 느긋한 척하며 감사 인사를 건넸다. 그랬더니 그분은 "평소 마주칠 때마다 항상 웃는 얼굴로 인사를 건네던 분인데 중요한 물건을 잃어버려 얼굴에 웃음기가 가신 채 걱정하고 있을 것같아 도저히 그대로 퇴근할 수 없어서 밤을 새워서라도 기다릴 작정이었다"고 말하는 것이었다.

 그날 필자는 '내가 뭐라고, 그까짓 돈도 들지 않는 인사 한번 잘 해주고 청소일로 지쳐 있을 사람을 위해 아주 조그마한 친절 하나 베풀었을 뿐인데 그 정을 잊지 않고 이렇게 큰 사랑으로 되돌려주나' 하는 생각에 기쁜 마음으로 밤새 잠을 못 이루고 이런저런 생각에 잠겼다. 아주 작은 친절이지만 그 사람의 입장에서 진정성이 느껴지는 웃는 얼굴 하나만으로도 상대방의 마음을 얻을 수 있다는 교훈을 배운 기회였다.

이 생각 저 생각 - 2

아버지의 웃음

100세 시대를 건강하게 살기 위해서는 웃음만큼 보약이 되는 게 없다는 이야기를 종종 들었을 것이다. 문제는 우리나라 어르신들이 웃음에 참 인색하다는 것이다. 연구결과에 따르면 영유아들이 하루에 300번 이상 웃는데 비해 어르신들은 거의 웃지 않는데, 놀랍게도 그중 60퍼센트 정도의 어르신들은 하루에 단 한 번도 웃지 않는다고 한다.

웃음 vs 건강

굳이 전문가들의 소견이 아니더라도 우리 모두는 건강하려면 하루에 최소 한 번은 화장실에 가고 만 보 이상은 걸어야 한다는 등 참 많은 건강상식을 알고 있다. 하지만 실천이 문제다. 건강유지에 있어 가장 기초적이고 또 돈도 들지 않는데 왜 그렇게 웃지 않고 사시는지 참으로 이해가 되지 않지만 그게 현실이다.

전문가의 이야기가 아니더라도 주변 친구들을 보면 흔히 웃음이 많은 사람들의 얼굴은 왠지 편안해 보이고 또 동안이다. 설사 세월의 흔적으로 지울 수 없는 주름살이 있지만 보기 좋은 주름살이다. 건강을 위해 우리는 더 많이 웃어야 한다.

흔히 웃음은 내장마사지라고 불릴 만큼 건강에 좋다고 한다. 한 번 크게 웃고 나면 우리 몸에 있는 수백 개의 기관들이 한꺼번에 움직여서 실제 현대의학으로도 고치기 힘들다는 암 덩어리조차 없애버릴 만큼 건강에 도움이 된다는 것이다. 그래서 그런지 요즘에는 이름만 대면 누구나 알 수 있는 대형 병원에서도 과학적인 방법으로 의학적 치료에 집중하는 한편으로 암 환자 등 중증 환자를 위해 웃음 치료사를 별도로 고용해서 치료한다고 들은 적이 있다.

웃음 치료사들은 하루에 몇 시간씩을 중증 암 환자를 위해 웃기기만 하는 게 직업이다. 단지 통설로만 떠도는 것이 아니라 웃음이 실제로 암 치료에 도움이 된다는 것을 보여주고 있는 것이다. 이로 볼 때 우리의 일상에서 웃음이 가져다주는 효과는 참으로 엄청나다고 말할 수 있을 것 같다.

'행복해서 웃기보다는 웃으니까 행복하다'는 설문결과도 있다. 당연히 우리는 행복의 원천인 부모님이 한 번이라도 더 웃으실 수 있도록 좀더 많은 관심을 기울이고 고민을 해야 한다. 부모님은 꼭 개그맨을 보거나 웃기는 이야기를 들으셔야만 웃으시는 게 아니다. 자식들이 말 한마디만 따뜻하게 해드려도 금방 웃으실 준비가 되어 있다.

운동이나 생활 습관과 마찬가지로 웃는 것도 습관이다. 안 되면 억지로라도 훈련을 하면 습관처럼 웃게 된다. 노인 빈곤율이나 자살율 등 좋지 않은 부분에서 불명예를 안고 있는 우리나라 어르신들이 많이 웃으시면서 행복했으면 좋겠다

아버지가 웃으시니까 행복했다

필자의 아버지는 비교적 건강하게 사시다가 돌아가셨다. 자식들 모두가 아버지가 몹쓸 병에 걸리지 않고 건강하시다는 사실에 매일 감사를 드렸다. 시력이 좋지 않아 혼자 자유롭게 외출하기에는 다소 불편함을 느끼시는 등 여러 문제가 있었지만 정신이 온전하시다는 것만으로도 자식들을 행복하게 해 주시기에 충분했다.

하루 두 번씩 아버지와 전화통화를 할 때면 아버지는 일단 웃으면서 대화를 시작하셨는데 환갑이 지난 나이라고는 하나 아버지에게는 한낱 막내인 필자가 마냥 귀엽고 목소리를 매일 들으시는 것만으로도 행복하셨던 모양이다.

필자는 가능한 한 아버지를 웃게 해 드리려고 여러 가지 아이디어를 짜냈다. 강연에서 들은 청중을 웃기는 멘트를 놓치지 않고 기억했다가 들려드리고, 항간에 떠도는 재미있는 유머를 이야기해 드리기도 했다. 친구의 어머니가 동네 경로당에 다니기로 마음먹고 나가셨더니 먼저 와계시던 83세의 소위 '고참 할머니'가 나이를 물어서 79세라고 대답을 하니까 고참 할머니께서 대뜸 "아이고

좋은 나이다. 내가 당신 나이 때는 돌도 씹어 먹었다"고 하시면서 텃새를 부리시며 군기를 잡는 바람에 두 번 다시 그 경로당을 찾지 않으셨다는 이야기도 그중 하나다. 재미있는 이야기를 해드리면 아버지는 내가 마치 큰 개그맨이나 된 것처럼 한참을 웃으셨다. 아버지가 웃으시니까 행복했다. 지금도 아버지가 전화통화를 할 때 웃으시던 모습이 눈에 선하다. 우리네 자식들의 행복의 원천은 바로 부모님의 건강이다.

05

세상은 1등만
기억하는 것이 아니다

음식점에서 종업원들과 손님들 간에 실랑이가 붙으면 "이 집 사장 어디 있어? 사장 나오라 해" 하면서 고래고래 소리를 지르는 장면을 어렵지 않게 접할 수 있다. 우리나라에서는 많은 사람들이 대관 업무나 일반 거래처와의 협상, 심지어 간단한 물건이나 음식 값 할인 요청 등을 놓고 자신들의 요구사항이 제대로 반영되거나 받아들여지지 않을 경우 일단 그 매장이나 조직의 책임자부터 만나서 이야기하려고 한다. 담당자나 매니저가 엄연히 눈앞에 서서 상대해주고 있는데도 그렇다. 사장이든 책임자든 여하튼 그 조직이나 단체의 운영에 책임을 지면서 소위 최

종결정권을 갖고 있는 책임자와 담판을 하면 자신에게 유리한 결정을 손쉽게 얻어낼 수 있을 것이라는 기대감에서 그럴 것이다.

물론 관공서나 기관의 책임자가 결국은 최종 결정자로서 역할을 하고 있는 구조이다보니 처음부터 책임자를 만나 요구사항을 전달하거나 협상을 하면 만족할만한 결론에 도달하는 것도 맞을 수 있다.

사정이 이러하다보니 특히 관공서 업무가 있을 경우 어떻게 해서든 외부 지인의 조력을 받아서라도 일단 그 기관의 기관장을 소개받고 그 사람과 문제를 해결하려는 경향이 크다. 이를 빗대어 옛날 코미디 프로그램에서 '1등만 기억하는 더러운 세상'이라는 멘트가 한동안 유행어가 되기도 했다.

그러나 어느 조직이든 당연히 최고 책임자가 존재하지만 업무 성격이나 조직 분위기에 따라 꼭 최고 책임자가 모든 것을 다 결정하는 것은 아니다.

가정의 예를 보아도 가장인 아버지가 있지만 모든 것을 가장이 결정하지는 않는다는 데 모두가 공감할 것이다. 가장인 아버지가 의사결정을 하기 위해 엄마는 물론 자녀들의 의견을 들어 결정하는 경우가 허다하며 엄마가 모든 것을 결정하는 가정도 많다.

부책임자를 소홀히 하면 안 되는 이유

국가기관이나 관공서와 같은 공적 기관에도 엄연히 최고 책임자가 있지만 부책임자나 담당부서장 등 최고 책임자의 결정에 중요 영향력을 미치는 사람들도 많다.

특히 선진국일수록 공공기관의 장보다는 해당업무를 취급하는 담당관이나 부서책임자의 입김이 강해 기관장이 적당히 영향력을 행사해주고 싶어도 서열상 하위부서인 해당업무 담당관이나 부서장이 한사코 반대권을 행사하면 민원인 뜻대로 일이 진행되지 않는 경우가 발생해서 낭패를 보기도 한다.

평소 비즈니스 관계에 있는 상대 회사나 기관에 대해서는 물론 일차적으로 그 조직의 최고 책임자와 관계를 원만히 유지하고 관리를 해야겠지만, 부책임자나 담당관에 대해서도 절대 소홀히 하는 우를 범하지 않고 오히려 하위직급이나 그들의 마음을 얻어놓으면 생각지도 않은 데서 큰 행운으로 돌아오는 경우가 많다.

해외 공관에서 근무를 하다보면 경우에 따라서는 주재국 외교부뿐 아니라 여타 다양한 행정관청이나 민원부처와 상대해야 하는 것이 보통이다. 필자는 주재국의 외교부나 여타 행정관청을 대상으로 업무상 협조관계를 유지하는 데 있어 물론 일차적으로는 그 관청의 책임자인 기관장에게 우선적으로 신경을 쓰면서 계기 시 선물을 하고 식사초대도 하면서 서로 좋은 관계를 유지하기 위해 정성을 쏟는다. 그렇지만 그에 못지않게 기관장에 의해 다소 존재감이 가려져있는 부기관장에 대해서도 절대 무시하거나 소홀히 하는 법이 없었다.

예를 들어 크리스마스나 명절을 맞아 친한 사람들끼리 자유롭게 조그만 선물을 서로 주고받을 수 있는 기회가 생길 때도 그렇다. 평소 우리 공관이나 필자와 카운터파트가 되어 업무협조 관계를 유지 중인 민원담당 행정관청이나 공기업 기관장에게 100불짜리 와인을 선물한다손 치면, 부기관장에게는 설사 50불짜리 와인이라도 반드시 선물리스트에서 빠지지 않도록 해서 협력에 대한 감사인사를 전했다.

자칫 잘못 생각하면 업무협조 관계를 맺고 있는 카운터파트 기관의 기관장에게만 정성을 다하고 인정을 받으면 충분하지 부기관장이나 심지어 하위직급의 담당관에게까지 성의를 보이는 것이 다소 불필요하다고 여겨질 수도 있다. 하지만 지금 돌이켜봐도 기관을 책임지고 있는 주인공인 기관장도 중요하지만 부기관장을 섭섭하거나 서운하게 만들어서 이득을 본 케이스는 없다. 오히려 습관처럼 카운터파트 기관이나 조직의 부책임자의 마음을 얻어 큰 덕을 본 기억이 더욱 많았던 것 같다.

친분관계인 젊은 부서장이 기관장으로

과거 동유럽 우리 공관에서 근무할 당시, 필자가 가끔 협조를 주고받는 카운터파트로 외국인 기업체 업무를 담당하는 주재국 행정관청이 있었는데 기관장은 정권실세에다 경력도 화려해서 거물급 인사라고 할 수 있었다. 그에 비해 우리 공관 업무와 직접 관련이 있는 부서장은 아직 30대로서 근무경력이 일천했다.

  필자는 평소 기관장에 대해 정성을 다해 상호 우호적인 협력관계를 유지할 수 있도록 하면서도 우리 공관 업무에 직접적인 영향을 미치며 실무책임자 역할을 하고 있던 30대의 젊은 부서장에 대해서도 기관장 만큼이나 진심어린 마음으로 대했다. 외부 식당에서 만나거나 필자의 집으로 초대해 친분을 쌓으면서 우리 공관과 한국에 대해 좋은 이미지를 가질 수 있도록 노력했다. 그 부서장은 자신의 상관인 기관장에게만 잘해도 될 텐데 어찌보면 한 단계 아랫사람으로 여겨도 되는 자신에게 항상 우호적으로 잘 대해주는 필자에 대해 진심으로 고마워했다.

  90년대만 해도 동유럽 국가들은 수십 년간 유지해왔던 사회주의 체제에서 시장경제 체제로 전환되는 시기여서 다소 어수선한 분위기였다. 필자가 근무하던 도중 정권교체가 이루어져 새 정부가 대부분의 정부기관 고위직에 대해 대대적인 물갈이 인사를 단행하면서 자고나면 주요 언론을 통해 새로운 기관장이 부임하는 소식이 전해지던 상황이었다.

그러던 어느 날 신문에 필자가 주로 업무협조 관계를 유지해오던 그 행정관청의 장에 아무도 예상하지 못한 인사가 이루어졌는데 바로 30대 젊은 부서장이 새로운 기관장으로 임명된 것이었다. 통상 기관장이 바뀌면 축하를 명분으로 부임인사를 하러 가는 게 통례인데 그 새로운 기관장은 그간 필자와의 개인적 친분관계로 인해 늘 고마움을 느꼈던지 비서실을 통해 필자를 자신의 집무실로 먼저 초대하여 기쁨을 함께 누리는 등 변치 않는 우정을 보여주었다.

어떻게 보면 운이 좋아서였겠지만 그렇잖아도 협조가 잘 되어온 행정관청에서 마침 필자와 마음을 주고받으며 서로 우호감정을 갖고 있는 인사가 기관장이 되고 보니 필자가 그곳에 근무하는 동안 우리 공관에서 협조를 요청한 경우 매사 만사형통이었던 기억이 난다. 당장의 이해득실 관계에 치우쳐 자칫 놓치기 쉬운 소위 '2인자'나 '그늘에 가려져 있는 2등'에 대해서도 평소에 마음을 얻어 둘 수 있다면 상황변화에 따라 큰 행운으로 다가온다는 사실을 절감할 수 있었던 소중한 경험이었다.

06
상호 원원하는
관계를 만들어야

우리나라의 태권도 사범들은 해외 진출 사업의 일환으로 50여 년 전부터 해외에 진출하기 시작했다. 현재 국기원에서 시행하는 공식 사범 외에 개인 자격으로 출국한 사범을 포함하면 그 숫자는 엄청나며, 전 세계 구석구석 어느 곳에 가더라도 우리 태권도 사범들을 만날 수 있을 정도가 되었다.

 지금은 경제적으로나 외교적으로 격차가 워낙 커서 비교 자체가 무의미하지만, 지난 70년대 남북한 간 외교경쟁이 치열하게 벌어졌을 당시만 해도 우리 태권사범들은 한국과 공식 수교관계가 없는 미 수교국에까지 진출하여 태권도를 전파했다. 경우에 따라서는 주재국의 왕실 경호대나 군·경찰을 상대로 소위 예의 바름, 복장의 단정, 절제된 행위, 자신감 등 태권도 정신을 가르쳐 민간외교사절로서의 역할을 톡톡히 수행했다.

이러한 태권도 사범들의 헌신적인 노력으로 전 세계 다양한 국가와 민족을 상대로 태권도 종주국인 대한민국의 위상이 높아지면서 국가 이미지 홍보에도 상당한 기여를 했다.

해외 태권사범에 관한
재미있는 스토리들

해외의 우리 태권사범에 얽힌 재미있는 이야기들은 무척 많다. 다음은 미국 LA에 거주하고 있는 필자 친구의 경험담이다.

> 필자의 친구는 과거 서울에서 여행 온 친지들과 함께 자동차로 멕시코의 지방 소도시를 여행하고 미국으로 돌아가는 길에 그 지역 자생 갱단을 만나 자신은 물론 일행들의 현금이 든 지갑과 소지품 등을 몽땅 털려 낭패를 보았다.
>
> 치안이 극히 좋지 않기로 소문난 곳에서 괜히 어설프게 저항하다가 더 큰 화를 입을 수도 있다는 생각에 아무런 생각도 못 하고 그 지역을 황급히 빠져나와서 가다보니 어느 허름한 건물 앞에 한국어

로 '태권도'라고 적힌 간판이 걸려있는 것이 보였다. 혹시나 하는 마음으로 차를 세우고는 무조건 그 건물로 들어갔다.

그 곳은 한국인 태권사범이 운영 중인 태권도장이었는데 사정얘기를 들은 태권사범은 웃으면서 도장 내 마련된 휴게실에 일행을 안내하고는 국산차를 꺼내 대접하는 등 호의를 베풀면서 잠시 휴식을 취하도록 배려하고 이내 자리를 이석했다가 돌아왔다.

놀랍게도 그 태권사범은 조금 전 필자의 친구와 일행이 갱단에게 빼앗겼던 지갑과 소지품을 그대로 찾아와 돌려주었는데, 알고 보니 그 태권사범은 그 지역 일대에서는 소위 '킹'으로 통할만큼 현지인들에게 막강한 영향력을 행사하고 있었다.

필자는 얼마 전에 사업상 한국을 잠시 다니러 온 유럽 모 국가 한인회장 출신 사업가를 만나 식사를 한 적이 있다. 60대 후반인 그 분은 과거 20대 초의 나이일 때 주머니에 단돈 100불과 태권도복 하나만 달랑 들고 무조건 중남미로 출국했다가 오래전 유럽에 정착하셨다.

현지에서 태권도 도장을 운영하면서 그동안 2만 명 이상의 제자를 배출했다. 그러다보니 일선에서 물러났지만 거리에서 제자들을 만날 지도 모른다는 생각에 동네 가게에 갈 일이 있더라도 꼭 정장에 넥타이를 매고 집을 나선다고 한다. 그 동안 그분 지도하에 태권도를 수련한 제자들은 국회의원이나 군, 경찰 등 공직에 진출하기도 하고 사업가나 교사 등 다양한 직군에서 활약 중인데, 그중에는 마피아 보스도 여러 명 있다고 했다.

　태권도와 관련된 여러 일화를 이야기하던 중 그분은 프라이버시라서 상세히 밝히기 곤란하다면서도 수년 전 한국의 최고위급에 속하는 공안직 공무원 일행이 주재국을 공식 방문한 적이 있는데, 호텔에서 체크인을 하는 동안 일행의 지갑과 소지품을 몽땅 털리는 사건이 발생했다고 소개했다. 현지 한국대사관 측의 긴급한 요청으로 그 분은 자신의 제자 중에서 마피아 두목으로 활동 중인 친구에게 연락해 상황을 설명하고 '현금은 반환하지 않아도 괜찮으니 일행의 신분증 등 소지품을 원상태로 회수해 주고, 사건이 언론이나 외부에 알려지지 않도록 조용히 처리해 달라'고 부탁했다. 정말 6시간 만에 마피아 두목 제자는 한국 고위 공안직 출장단 일행이 강탈당했던 물품을 그대로 찾아 주었다고 했다.

　비단 이러한 사례 외에도 외국에서 태권도나 우리 태권사범과 관련된 재미있는 스토리는 밤을 새워 이야기해도 모자랄 정도로 많이 있다. 한류의 영향으로 앞으로 전 세계인이 한국의 국기인 태권도에 더욱 매력을 느끼고 태권도를 통해 한국을 더 좋아하게 될 것이라는 생각이 든다.

태권사범들과 맺은 인간관계

세계적인 스포츠로 자리잡은 태권도를 수련한 외국인들이 한국에 대해 좋은 이미지를 갖고 있어 우리나라 문화홍보 활동에 태권도가 큰 기여를 했다고 평가할 수 있다.

필자는 미국과 유럽지역 국가에서 오래 근무하다보니 자연스럽게 다양한 우리 태권사범들과 공·사적으로 인연을 가질 수 있었다. 어릴 때 태권도를 수련한 적이 있어서인지 몰라도 유독 많은 태권사범들과 개인적으로 좋은 인연을 맺었다.

공직을 떠난 지금도 많은 분들과 연락을 주고받고 있으며, 친지 방문이나 출장차 일시 귀국하게 되면 개인적으로 연락을 해와 식사를 같이 하면서 옛날에 함께 나누었던 추억담과 함께 즐거운 시간을 보내고는 한다. 해외에서 우리 태권사범들에게 많은 사랑과 도움을 받은 바 있는 필자는 이 지면을 빌어 모든 우리나라 태권도인들에게 진심으로 감사를 드리고 싶다.

필자가 동유럽 국가에서 근무할 당시는 한국인 사범이 주재국에 진출하여 국가대표 태권도 팀을 지도하면서 현지인 태권사범으로 구성되어 있는 전국 지방조직을 정비·재건하는 그런 시기다 보니 그 태권사범은 수시로 필자를 찾아와 이런저런 지원을 요청했다. 필자는 일방적으로 지원이나 도움을 주는 것이 아니라 여러 면에서 상호 원원하는 관계라고 생각하고 한국 태권사범이 요청하거나 필요로 하는 부분을 성의껏 지원해주면서 우호 관계를 유지했다.

우리 태권사범의 경우 주로 전국단위의 태권도대회 등 대규모 태권도행사를 개최할 때, 우리 공관에서 태권도를 가장 잘 이해하고 실제 태권도를 수련한 필자가 참석해서 격려를 해주는 한편 행사에 소요되는 한국물품이나 홍보자료를 지원해줄 것을 요청했다. 이밖에도 전국에서 활동 중인 4-50개 태권도협회 지부의 현지인 태권사범들이 막 주재국에 진출한 한국인 태권도사범을 잘 따르고 우리 사범을 중심으로 협회가 단합될 수 있도록 측면 지원을 부탁했다.

필자는 당시만 해도 우리나라가 그리 잘 알려지지 않았던 상황에서 현지인들을 대상으로 국가 이미지를 높이고 홍보효과를 제고하는 데 태권도만한 것이 없다는 생각을 갖고 있었다. 그래서 공관 차원의 문화홍보 활동 일환으로 우선 기회가 닿는 대로 태권도 사범들을 필자의 집이나 한국식당으로 초대했다. 몇 군데 큰 지방도시에서 개최되는 태권도 행사에는 피곤하더라도 기회가 닿는 대로 직접 방문하여 격려인사를 해주고 수련생들에게 선물도 주는 등 태권사범으로서의 긍지와 자부심을 높여주면서 전국조직의 화합과 단일화에 주력했다.

그동안 한국 공관원과의 접촉이 없었던 주재국 태권사범들은 필자와의 만남 자체를 좋아했다. 초기단계에서는 전국 각 지역에 거주중인 현지인 태권사범들과 단순히 인간적 관계에서 시작했지만, 우리 문화 홍보활동의 차원을 넘어 필자가 기대했던 것보다 훨씬 더 많은 좋은 친구들을 얻을 수 있었다.

전국의 지부 협회장을 맡고 있는 현지인 태권사범들은 수도에 소재한 우리 공관에서 참고로 알아두면 좋을 역사유물이나 명승지, 관광자료 같은 것들을 제공해 주었다. 공관에서 매일 바쁜 일과에 시달리다 보니 지방에서 개최되는 산업박람회나 전시회 행사에 참석하거나 동포사회 관련 긴급히 조치해야 할 사건사고들을 일일이 챙길 수 없었던 상황이었는데, 이럴 때 도움을 주기도 했다. 전국적인 조직을 갖추고 있는 태권도 사범들이 자발적으로 우리 공관에서 필요로 하는 홍보활동을 대신 해주기도 해서 공관 업무에 많은 보탬이 되었다.

태권도의 인기가 점차 높아지면서 연 1-2회 수도권에서 개최되는 공식 태권도행사에 수천 명의 사람들이 운집할 만큼 성장했다. 필자는 평소 친하게 지내던 국내 대기업 지사장들에게 혹시 태권도대회에 스폰서를 할 의향이 있는지 타진했다. 지사장들은 '수많은 사람들이 한자리에 모이는 행사이기 때문에 자사제품을 홍보할 수 있는 더없이 좋은 기회'라면서 오히려 이러한 기회를 부여해준 필자에게 고마워하며 전자제품 등을 적극 지원해주었다. 그 바람에 그야말로 트리플triple로 서로가 다 만족하는 그런 상황이 되었다. 당초 크게 기대하지 않았던 한국인 태권사범은 이래저래 감사해 하면서 필자와 아주 돈독한 인간관계로 발전했다.

미국 서부와 동부 지역에서 근무할 때도 많은 우리나라 태권사범들과 각별한 인간관계를 유지했다. 언론에서 자주 보도되어 웬만한 사람들은 잘 알고 있겠지만, 국내에서와 달리 우리나라 태권사범이 현지에서 차지하고 있는 명성이나 사회적 위상은 상당히 높다. 상하원 의원이나 고위 공직자, 저명 학자들도 태권도의 매력에 빠져 태권도를 수련하기 때문에 공관에서 긴급하게 면담이나 접촉이 필요할 때, 공식라인은 절차가 복잡하고 시간이 많이 소요되는 데 비해 한국인 태권사범들에게 부탁하면 경우에 따라 운좋게도 바로 연결이 되어 도움을 받은 적도 있었던 것으로 기억하고 있다.

파란 눈을 가진 외국인들이 도복을 입고 태권도를 수련하면서 한국어로 지도하는 사범의 지시에 깍듯이 따르는 장면을 떠올리면 지금도 기분이 좋아진다. 태권도를 수련한 현지인들은 우리 태권사범으로부터 태권도 정신을 교육받아서 우리나라의 문화 자체를 좋아하고 매력도 느끼게 되는 듯싶다.

 필자는 태권도가 개인적으로 좋아하는 스포츠이기도 하지만 진심에서 우러나는 마음으로 우리 태권사범들과 각별한 친분관계를 유지했다. 그 덕분에 공관에서 지속적으로 관심을 가져야 하는 업무 중 하나인 국가 이미지 제고와 우리 문화 홍보에 한국 태권사범들로부터 많은 도움을 받았다고 생각한다. 일방적으로 도움을 주거나 받는 구조가 아닌 상호 원원할 수 있는 관계를 가질 때 의외로 많은 것을 얻을 수 있다는 교훈을 얻었다. 지금도 소중하게 여기고 있는 값진 교훈이다.

Chapter 3

강한 인상 심어 주기

01 아무도 예상하지 못한 상황에서 부리는 멋

02 처음 석 달만 고생하면 나머지 3년이 편하다

03 누군가가 늘 지켜보고 있다

04 게임에서 지고도 상대를 이기는 지혜

05 누구나 간절히 원하는 것은 있다

01

아무도 예상하지 못한
상황에서 부리는 멋

사람에게는 고정관념이 있어서 자신이 상대하고 있는 타인의 내면을 자세히 알기도 전에 스스로의 관점에서 판단해 버리는 경우가 많다. 고정관념이라는 말이 '어떤 집단의 사람들에 대한 단순하고 지나치게 일반화된 생각들'이라는 뜻을 갖고 있는 데서 알 수 있듯이, 사람들과 어울려 살아가야만 하는 우리 일상생활에서 상대방을 자기 기준에서 잘못 판단하여 큰 실수나 큰 낭패로 이어지는 일은 얼마든지 발생할 수 있다.

  자신이 상대하는 타인을 정확히 파악하고 판단하는 것은 정말 어려운 일이다. '열 길 물속은 알아도 한 길 사람의 마음은 모른다'는 속담도 사람의 마음을 알아내는 것이 그만큼 어렵다는 것을 잘 보여준다. 오죽하면 '평생을 한 집에서 함께 산 부부도 서로의 속내를 모른 채 살아간다'는 말이 있을까?

겉으로 드러나지 않는 매력과 멋

어떤 사람은 외모를 보고 상대를 판단하기도 하고, 느낌만으로 상대방의 내면을 훤히 들여다볼 수 있다고 말하는 사람도 있다. 인사팀에서 오래 근무한 사람은 전에 일면식도 없었던 신입직원과의 첫 대면에서 수 초간 눈길만 마주쳐도 그 사람의 성격이나 인간적 특성을 나름대로 파악해 낸다고 한다. 외판 영업직이나 판매업에 오래 근무한 사람은 지나가는 사람의 얼굴표정만 보고서도 자신이 홍보하려고 하는 물건을 판매할 수 있을지 여부를 판단하기도 한다.

하지만 사람의 내면을 아는 건 그리 단순한 일이 아니다. 하물며 상대방이 갖고 있는 독특한 인간적 특성이나 매력을 단순히 겉으로 드러난 행동이나 외모로 판단하기란 정말 어려운 일일 것이다.

우리는 누구나가 자신이 상대하는 사람들에게 가능한 한 좋은 인상을 주고 호감을 갖도록 하기 위해 노력한다. 혼자서 멋을 즐기려고 하는 예외도 있겠지만, 외모를 훌륭하게 가꾸려고 애를 쓰거나 다소 무리를 해서라도 눈에 띄는 의복을 갖춰 입는 것도 결국은 상대방으로부터 호감을 얻기 위한 자기방어와 본능에서 나오는 행동이다.

연예인이나 정치인 등 소위 이름으로 먹고사는 사람들이 어떻게 해서든 공중파 방송프로그램에 자주 출연해서 얼굴을 비추려고 하는 것도 결국은 대중으로부터 자신의 존재가치와 이미지를 가능한 한 빠른 시일 내에 알리고 각인시키려는 의도에서 나온 행동일 것이다.

인간은 누구나 나름대로의 매력과 멋을 가지고 있다. 다만 그 매력이 겉으로 잘 드러나지 않거나 아주 오랜 기간 주변 가까운 사람들조차 잘 알아차리지 못하고 있을 뿐이다. 자신만이 가진 포인트를 잘 살려 결정적인 기회에 상대방에게 각인시키면서 감동을 줄 수 있다면 이미 그 사람의 마음을 얻은 것이나 마찬가지라고 할 수 있다.

기타 반주 노래로 분위기를 사로잡다

과거 유럽지역 공관에서 근무할 때의 일이다. 필자 부부를 비롯한 여러 가족이 모기업 현지 지사장 자택에 초대받아 저녁식사를 함께했다. 통상 그 나라에서는 집으로 초대를 받아 갔을 때 호스트가 준비한 식사를 본격적으로 시작하기 전에 응접실 테이블에 앉아 참석자들 간에 가벼운 음료와 함께 담소를 나누는 것이 일반적인 식사문화였다.

그날도 늦게 도착하는 손님을 기다리며 참석자들끼리 인사를 나누고 소소한 잡담으로 시간을 보내고 있었다. 아무래도 초반에는 여러 사람이 모인데다 초면인 사람도 있고 해서 전반적인 분위기가 다소 무겁고 어색했다.

필자는 나름대로 상냥하고 살갑게 인사를 건넸다. 하지만 공관원 신분이라서 그런지 대부분의 참석자들은 우리나라 사람들이 평소 공직사회에 대해 갖고 있는 고정관념이나 공무원을 대하는 시각 그대로 필자를 다소 고지식하거나 '범생이 스타일로 농담 한 마디 제대로 안 하고 직무에만 충실한 사람'일 거라고 지레 판단하고 있는 듯했다.

필자로서는 부임 초기인데다 앞으로 업무를 잘 진행시키기 위해서는 참석자들과 공·사적으로 잘 지내면서 친분관계를 맺어 둘 필요가 있었다. 마침 응접실 벽면 쪽 피아노가 있는 곳에 기타가 함께 놓여져 있는 것이 눈에 띄었다. 필자는 서먹서먹한 분위기도 깰 겸 저만치 놓여있는 기타를 집어 들고서는 그간 바쁜 일과로 자주는 아니지만 기회가 있을 때마다 가끔 즐겨하던 기타반주에 맞춰서 좋아하는 노래를 한 곡 했다.

　순간 난리가 났다. 지금은 공직사회의 분위기나 문화가 많이 달라졌지만 당시만 해도 공무원들에 대해 갖고 있는 선입견으로 인해 색다른 장면으로 보였던지 그 자리에 모인 참석자들은 하나같이 전혀 예상하지 못했던 상황에서 필자가 기타를 연주한다는 사실 자체에 놀라고 반기면서 거의 환호를 하는 것이었다.

　참석자들의 요청으로 당시 국내에서 유행하는 가요 몇 곡을 기타반주에 맞춰 함께 합창하다 보니 조금 전까지만 해도 다소 서먹하고 어색했던 분위기가 일순간 화기애애하게 바뀌면서 마치 오래된 친구들이 모여 회식을 하는 자리처럼 모두 유쾌한 시간을 보낼 수 있었다.

　이후 필자는 친구 맺기를 원했던 일부 사람들과 자연스럽게 운동 등으로 친분을 이어갔으며 다른 사람들도 백화점같은 곳에서 우연히 마주칠 때면 그날 저녁모임을 상기하면서 하나같이 반갑게 대해주는 등 호감을 표현했다. 기타 반주에 맞춘 노래 한 곡으로 그날 저녁 자리를 함께했던 사람들은 자신들이 머릿속으로 가졌던 선입견과 전혀 다른 느낌을 준 필자에 대해 강력한 인상을 받은 것으로 보였다. 필자로서는 우연찮게 찾아온 뜻하지 않은 기회에 동반자들이 전혀 예상하지 못했던 소소한 기타연주 하나로 사람들의 마음을 단번에 잡을 수 있었던 운이 좋은 순간이었다.

장례식장에서
오랜 시간 절하기

귀국 후 친구들과 술자리에서 그날 해외에서의 식사 모임에서 있었던 기타연주 스토리에 대해 이야기했더니 심리학을 연구한 한 친구가 "사람이 상대방을 기억하거나 좋아하는 감정을 가지게 되는 과정에는 다양한 요인이 있을 수 있지만 그 중에서도 첫인상을 강하게 받거나 각인되었을 때 특히 그렇다"고 설명해 주었다.

 불교의 인연법 같은 데서 말하는 '전생의 인연'으로 인해 분명 처음 본 사람인데도 무슨 깊은 인연이 있었던 것처럼 유난히 마음이 끌리기도 한다. 미팅이나 맞선을 보는 자리에서도 외모나 성격 면에서 도저히 이루어질 것 같지 않은 커플이 서로 매력을 느껴 결혼까지 연결되기도 한다는 얘기도 들은 적이 있다.

사람의 마음을 얻기 위해서는 짧은 순간에 강한 인상을 남기는 것이 무엇보다 중요하다. 필자와 친한 한 친구는 이를 잘 실천하면서 '재미'를 보고 있는 케이스다.

그 친구는 평소 지인들의 장례식장에 조문을 가게 되면 상주들에게 강렬하고도 각별한 인상을 남기기 위해 의도적으로 영정사진 앞에서 다른 문상객들보다 거의 열 배 이상, 심지어 1분 가량 땅바닥에 엎드려 절을 한다고 했다. 이와 같은 행동이 한 번도 자신을 배신한 적이 없이 효과(?)를 톡톡히 보고 있다고 농담조로 말했는데, 필자도 이에 전적으로 동감하면서 얼떨결에 따라하고 있는 자신을 발견하고는 한다.

현장에 답이 있다고 하는데 실제로 지난해 고등학교 친구 모친의 장례식장을 방문했을 때 비슷한 일이 있었다.

이것저것 생각해서가 아니라 막상 영정사진 앞에 서니 오래전 고등학교 다닐 때 그 친구 집에 놀러 가면 항상 친아들처럼 따뜻하게 밥도 해주시고 간식도 챙겨주시던 모습이 떠올라 절을 올리기도 전에 눈물부터 왈칵 쏟아졌다. 무슨 계산을 해서가 아니라 평소와 달리 한참을 고인과 나눈 어린 시절을 추억하다 보니 거의 1분가량 땅바닥에 엎드려 있었던 것 같다.

나중에 친교실로 자리를 옮겼을 때 친구는 물론 상주들이 다가

와서는 아주 따뜻하게 손을 잡아주면서 친구 어머니의 마지막 가시는 길에 보여준 필자의 애정과 정성에 감동하고 고마움을 표하는 것을 보고 많은 것을 느낄 수 있었다. 필자의 친구처럼 일반 문상객보다 열 배 정도의 오랜 시간은 아니더라도 어느 장례식장을 가든 그간 해왔던 것보다는 훨씬 긴 시간을 할애해서 고인에 대해 예를 표하는 것이 어느새 습관처럼 되어 버렸다.

02

처음 석 달만 고생하면
나머지 3년이 편하다

군집 활동을 하는 것을 사회생활이라고 한다. 우리는 하는 일과 성격, 개인적 성향이 각자 다 다르지만 사회생활을 하면서 수없이 많은 사람들과 다양한 만남을 갖고 그 중에서 마음이 맞는 사람들과는 소중한 인연으로 이어져 평생을 함께 한다. 사회생활의 내면을 들여다보면 너무나도 복잡하고 어려운 구조로 얽혀 있어서 어떻게 해야 다른 사람들의 마음을 얻고 서로 잘 어울려 지낼 수 있을지에 대해 간단하게라도 비결이나 정의를 내리는 것은 참으로 어려운 일이다.

한날한시에 똑같이 직장 생활을 시작하더라도 누구는 수 십 년을 보내면서 주변사람들로부터 인정을 받아 사회적으로나 가정적으로 성공적인 직장 생활을 영위하는가 하면, 또 누구는 굳은 다짐에도 불구하고 몇 개월, 몇 년도 안 돼서 직장을 그만두거나 중도에 탈락한다.

첫인상이 가져다주는 후광효과

'사람에 대한 감정은 모든 것이 첫인상에서 결정된다', '누군가를 만날 때 두 번째 인상이라는 것은 없다'는 말이 있다. 첫 만남에서 좋은 인상을 주고 상대방에게 자신을 강하게 각인시키는 것이 이후 만남의 성패를 좌우할 정도로 중요하다는 것을 강조하는 말일 것이다.

 기업체의 인사담당이나 매일 수많은 고객을 상대하는 마케팅 전문가들에 의하면 처음 대면하는 사람에 대한 첫인상은 15초에서 4분 이내면 결정된다고 한다. 심지어 그보다 훨씬 더 짧은 시간에 첫인상에 대한 모든 평가가 이루어진다고 말하는 사람들도 있다. 그래서인지 요즘 많은 전문가들이 첫 만남이나 첫인상에 대한 중요성을 강조하면서 상대방에게 호감을 줄 수 있는 다양한 방법들을 제시하고 있다.

우리사회의 각 분야에서 두각을 나타내고 있는 사람들이 가진 인기나 매력은 그 사람이 내면적으로 갖고 있거나 다른 사람들과 차별성이 있는 독특한 자신들만의 장점에 의해 이루어지는 컨텐츠가 주요 자산일 것이다. 하지만 대중이나 다른 사람들과의 첫 만남이나 상대에게 각인된 첫인상이나 이미지가 중요하게 작용하기도 한다.

심리학적 측면에서도 상대방에 대한 호감과 좋은 첫인상은 시간이 흐르면서 '좋은 인상만큼 그 외의 면들도 좋을 것'이라고 생각하는 후광효과로 이어지기도 한다. 이에 따라 한번 호감을 가진 사람에 대해서는 그 사람이 큰 실수를 하지 않는 한 그 사람의 내면이나 확인되지 않은 부분들까지도 신뢰하면서 호감을 느낄 수 있다고 한다. 즉, 상대방에게서 받은 인상이나 판단근거가 마치 종이에 글자가 새겨지듯 뇌리에 강하게 각인되어 앞선 정보가 다음 상황에 대한 판단기준이 되어버린다는 것이다.

또한 첫인상이 결정된 후 그 사람과 관련된 다른 정보에 대해 주의가 줄어드는 효과도 있다. 첫인상이 나쁘면 나중에 아무리 잘해도 복구하기가 어려운 이유도 처음보다 뒤에 들어오는 정보에 주의를 기울이는 정도가 줄어들기 때문이다. 그만큼 첫 만남이나 첫인상은 우리가 영위하는 사회생활과 다른 사람들과의 관계형성에서 중요하게 작용한다.

직장에서나 작은 인간관계에 있어 첫인상은 아주 짧은 시간에 상대방에게 평가될 수 있는 소중한 자산이니만치 상대방에게 좋은 첫인상을 각인시키는 것은 반드시 필요하다고 할 수 있다.

퇴사하고 만 '술지각생'

필자는 공직에 입문하기 전 국내 대기업에서 잠시 근무한 적이 있다. (부서 배치를 받고 잠시 근무하다가 뜻하는 바가 있어 퇴사를 한 후 공직에 입문했다.) 당시에는 계열사별로 신입 직원을 모집하지 않고 그룹 전체 입사자를 선발한 다음 자체 연수원 같은 데서 일정기간 연수과정을 거치고나서 각 계열사에 배치하는 방식이 일반적이었다. 부서 발령을 받기 전에 또한번 실무전반에 대해 자체 교육을 받는 과정도 있었다.

자체 교육을 받은 첫날 인사부장이 주최하는 저녁 회식이 있었다. 사회생활 첫 출근이라서 여러 가지 기대감과 함께 생각도 많았는데, 입사동기생들과 함께 비용 걱정 없이 2차, 3차로 이어가며 자정을 넘겨 술을 마시다보니 그야말로 고주망태가 되어 귀가했다. 다음날 새벽 술이 제대로 덜 깬 상태에서 쓰린 속을 안고 처음 직장 생활을 하는 긴장감으로 제 시간에 맞춰 출근했더니 전날 모였던 동기생들이 다 출근했는데 유독 한 친구가 보이지 않았다.

누구나가 부러워하는 우리나라 최고 명문대 법대 출신으로 여타 스펙도 아주 좋았던 그 친구는 전날 회식에서의 과음으로 쓰러졌다가 점심때가 돼서야 출근했다. 인사팀에서 마련한 회식이 신입 사원들의 술 버릇이나 술 마신 다음날 태도와 지각 여부를 지켜보기 위한 교육과정의 일환이었는지는 모르겠지만 하여튼 그 친구는 '술 지각생'이라는 별명을 갖게 되었다.

계열사에 배치 받을 당시만 해도 회사에서 가장 기대를 모았던 동기생들 중 한 명이었던 그 친구는 '술 지각생' 오명을 얻은 후 얼마 되지 않아 퇴사를 하고 말았다. 천성적으로 자존심이 강한데다 선배·동료들이 이름 대신 '술 지각생' 하면서 농담조로 놀려대는 게 마음에 차지 않아 스스로 퇴사를 결정했다는 후문이었다.

한 치 앞도 알 수 없는 게 우리네 인생살이라 사람마다 자신에게 펼쳐질 인생에 대해 어느 길이 바르고 옳은지 알 수는 없지만, 어떻게 보면 사람들과의 첫 만남에서 이루어지는 첫인상이 그 사람의 인생을 결정짓는 중요한 요소가 될 수 있다는 생각이 들었다.

가장 먼저 출근, 퇴근은 가장 늦게

필자는 30여년을 공직에서 봉직하면서 직업상 참 많은 곳을 돌아다녔다. 그런 과정에서 국내외를 막론하고 다양한 사람들과 인연을 맺었는데 지금 생각해보면 매일 새로운 사람들과 만남을 갖는 것이 중요한 업무 중 하나였던 것 같다. 그러다 보니 상대하는 사람들에 대한 첫 만남이나 첫인상에도 자연스럽게 신경을 쓰게 되었다.

생전의 아버지는 필자의 어린 시절에 '어디에 가든 처음 석 달만 고생하면 나머지 3년은 편하다'는 말씀을 자주 하셨는데, 아버지의 교훈을 떠올리며 그대로 실천하려고 노력했다. 그래서 어떤 사무실에서 근무하더라도 '술 지각생'이라는 오명을 듣지 않고 살 수 있었다. 전날 선배들과 얼마나 많이 술을 마시든, 친구들과 어울려 카드게임을 한다고 밤을 새우든 절대로 사무실에 함께 근무하는 동료들보다 늦지 않게 출근하면서 이미지를 관리하는 것이 습관화되었다.

특히 해외 공관에 부임하게 되면 힘들어도 처음 몇 달간은 일부러라도 '공관에서 제일 먼저 출근하고 제일 마지막으로 퇴근하는 사람'이라는 이미지를 각인시켰다. 심지어 주말이나 공휴일에도 잠시나마 공관에 출근해서 시설 상태를 둘러보고, 사무실 정리 정돈을 하고, 교민들과의 약속을 확인하면서 다음주 업무계획을 세우기도 했다. 그렇게 이미지 메이킹을 해 놓다 보니 공관원은 물론 사무직이나 고용원들 사이에서 '항상 부지런하게 일하는 사람'으로 좋은 평가를 받을 수 있었다.

아버지 말씀대로 처음 몇 달만 고생해 놓으면 좋은 점이 한 두 가지가 아니었다. 어떤 때는 진짜 '개인 볼일'로 사무실을 비우고 눈에 띄지 않더라도 당연히 공무처리를 위해 자리를 비웠거니 했다. 또 어떤 때는 전날 과음으로 오전 내 사무실을 비우더라도 항상 매일 먼저 출근하는데다 주말까지도 사무실에 들르는 사람으로 각인되다 보니 당연히 업무 처리를 위해 출타 중이려니 하고 여기는 것이었다.

필자는 해외에 근무를 나가는 직장 후배들을 대상으로 한 교육이나 대학 강의 또는 외부 특강 때, 특히 사회생활을 막 시작하는 사람들을 대상으로 기회가 닿을 때마다 '직장 생활을 시작한 후 첫 석 달을 열심히 하면 3년이 편하고, 1년만 참고 열심히 하면 10년, 아니 30년은 좋은 평가를 받으면서 살 수 있다'는 그 옛날 아버지께 들었던 이 말을 꼭 들려주고 있다.

이 생각 저 생각 - 3

아버지의 거짓말

세상의 모든 부모들은 자식들에게 늘 거짓말을 하신다고 한다. 필자도 두 아들의 아버지가 되고 나서야 비로소 부모님의 심정을 이해할 수 있었다. 가족들을 건사하기 위해 하루 종일 파김치가 되다시피해도 전혀 피곤하지 않고 멀쩡하다고 말씀하시거나, 혹시라도 걱정할까봐 자식들 앞에서는 한숨조차 들키지 않으시려고 애쓰시는 것이 우리 부모님들의 모습이다. 조금만 더 관심을 가지면 한눈에 금방 알아 차릴 수 있을 텐데…

세상 모든 부모님들의 마음은 늘 한결같을 것이다. 아마 우리 주변에 있는 모든 어르신들이 이유야 어떻든 자신들이 겪고 있는 슬픔이나 고통을 적어도 자식들에게는 들키지 않으려고 자주 거짓말을 하고 계실 것으로 짐작된다.

지난해 세상을 떠나신 필자의 아버지도 평생 자식들에게 얼마나 많은 거짓말을 하셨을까 생각하니 가슴이 저민다. 젊었을 때 직장

생활이 힘들 때도, 가족을 부양하느라 어려운 상황이 연속되고 있을 때도 항상 자식들 걱정을 안 시키려고 거짓말을 많이 하셨을 것이다. 그래서 필자도 아버지가 돌아가시기 전에 수년간 거의 매일 아버지께 거짓말을 했다.

하루 두 번 아버지와 통화할 때면 직장에서 승진이 누락되어 마음이 편치 못해도, 믿었던 친구한테 속아서 돈을 떼여도, 부부싸움을 하는 바람에 밥도 제대로 못 먹고 출근해도 아버지를 걱정시키지 않기 위해 한평생을 아버지가 그러하셨듯이 '늘 즐겁고 행복한 일만 생기고, 집이나 직장에서 아무런 문제나 근심걱정 없이 잘 살고 있는 아들'이라고 거짓말을 많이 했다.

필자의 아버지가 한 가지만큼은 진짜로 거짓말을 하셨다. 어머니가 돌아가시기 훨씬 전부터 아버지는 "당연히 너희 엄마가 나보다 오래 살겠지만, 혹시라도 엄마가 먼저 돌아가시게 되면 그날부터 일주일 내로 나도 따라 갈 거니까 그리들 알라"고 입버릇처럼 말씀하시곤 했다. 필자가 "엄마가 먼저 돌아가시면 수면제라도 듬뿍 드실 건가요?" 하고 웃으면서 물어보면 아버지는 "다 비법을 알고 있다"고 하시면서 "곡기를 끊으면 극약 처방을 안 하더라도 일주일이면 엄마 곁으로 갈 수 있다"고 자신있게 말씀하셨다. 엄마보다 4살 연상이신데다 대체로 남녀의 평균수명을 보아 당연히 아버지가 먼저 돌아가실 것으로 생각하셨던 것같다.

하지만 5년 전 어머니가 돌아가신 후 아버지는 고향집에서 그대로 사셨다. 가사도우미의 도움으로 식사나 그밖에 생활하시는 데 큰 불편 없이 잘 지내셨다. 심지어 방송에서 미세먼지가 심하다고 하면 건강에 해롭다면서 창문을 열지 않고 바깥출입도 삼가실 만큼 건강을 끔찍이 챙기셨다. 어머니가 주무시다가 돌아가시고 나서 하늘이 무너져 내리는 듯한 슬픔을 맛보았기에 필자로서는 당연히 아버지가 거짓말을 하셔도 좋으니까 적어도 100세까지는 거뜬히 살아주시라고 매일 기도를 드렸다.

혹시 무안해 하시거나 상처 받으실지도 모른다는 생각에 차마 아버지께는 말을 꺼내거나 놀리지 못했지만, 자식들끼리 모인 자리에서는 아버지가 입버릇처럼 말씀하시던 '엄마가 먼저 돌아가시면 일주일만에 따라가시겠다'고 한 거짓말을 자주 웃음거리 소재로 삼고는 했다.

아버지가 거짓말을 해주셔서 너무 고맙고, 또 어머니가 돌아가시고 4년이나 더 자식들 곁에서 열심히 살아주셔서 너무너무 감사드린다.

03
누군가가 늘
지켜보고 있다

그리스 신화에는 '나르키소스'라는 아름다운 소년이 연못에 비친 자신의 모습에 반해서 바라보다가 꽃으로 변했다는 이야기가 있다. 이처럼 인류 최초의 거울은 연못이나 그릇에 담긴 물의 잔잔한 표면이었다. 당연히 물의 표면은 쉽게 흔들리고 휴대하기 불편해서 암석을 갈아 매끈하게 윤을 내서 거울로 사용하기 시작했다고 한다.

기원전 6000년에는 메소포타미아 지역에서 구리판의 표면을 매끄럽게 갈아 거울로 사용한 흔적이 있다. 가장 오래된 금속거울은 이집트 피라미드에서 발견되었는데 기원전 3000년경 이집

트인들이 구리를 갈아 만들었다. 중국에서는 기원전 2000년경 청동을 갈아 거울로 사용했다. 우리나라에서 가장 오래된 거울은 기원전 6세기경에 제작된 청동거울로 알려져 있다.

다양한 거울들

현재 우리가 사용하고 있는 거울은 대부분 평면거울인데, 빛의 반사를 이용하여 물체의 모습을 있는 그대로 비춰준다. 거울에 물체를 비추어 보면 마치 물체가 거울 뒤에 있는 것처럼 보이는데 이와 같이 거울에 비친 물체의 모양을 상이라고 하며, 거울 앞에 서 있으면 거울 속에서 내 모습을 볼 수 있다. 이렇게 거울에 내 모습이 보이는 것은 내 몸의 각 부분에서 반사한 빛이 거울에서 반사하여 눈에 들어오기 때문이다.

평면거울 외에 물체의 모습이 조금씩 다르게 비춰지는 거울도 있는데, 속성에 따라 오목거울과 볼록거울로 나뉜다. 오목거울은 말 그대로 거울이 안쪽으로 동그랗게 들어가 있고 볼록거울은 거울이 살짝 밖으로 둥그스름하게 나와 있다.
이러한 특징에 따라 오목거울은 가까이 있는 물체를 크게 보이게 하고 반대로 볼록거울은 가까이 있는 물체를 작게 보이게 한다. 오목 거울은 빛을 한가운데로 모아 주기 때문에 물체를 더 밝게 잘 볼 수가 있고 거울 가까이에 있는 물체를 실제보다 더 커 보이게 한다. 이와 달리 볼록거울은 빛을 퍼지게 해서 눈에 잘 보이지 않는 곳까지 구석구석 비춰주기 때문에 물체가 더 작아 보이는 것이다.

　매 4년마다 개최되는 올림픽 기간 내내 꺼지지 않고 활활 타오르는 성화는 오목거울과 관련이 있는데, 라이터나 성냥을 이용해서 불을 붙이는 것이 아니라 오로지 태양의 빛을 오목 거울에 반사시켜 불을 붙인다고 한다. 오목거울은 손전등이나 현미경의 반사경으로도 사용된다.

　한편 볼록거울은 물체를 작게 보이게 해서 눈으로 볼 수 있는 시야를 넓게 해주기 때문에 굽은 도로 같은 곳에 설치하면 길 전체의 모습을 볼 수 있고 오가는 차들을 쉽게 확인할 수 있다. 그래서 교통사고를 방지하는 용도로 사용하며 대형마트 같은 매장 안에 설치하는 도난 방지용 거울이나 자동차의 후미경 등으로도 사용된다.

　또 다른 종류의 거울로는 특수한 효과나 용도를 위해 특수제작되어 제한적으로 사용되는 쌍방거울이 있다. 거울이 벽의 일부처럼 벽 안에 박혀 있는데 거울 뒤편에 있는 사람이 거울을 들여다보는 사람을 관찰할 수 있다. 우리가 거울에 대해 갖고 있는 고정관념을 깨뜨리는 거울이다.

쌍방거울은 마이크로 유리라고 불리는 물질을 거울 위에 씌운 것으로, 물질이 씌워진 방향에서는 반사된 이미지를 볼 수 있으나 씌워지지 않은 방향에서는 색유리처럼 보인다. 통상 쌍방거울은 경찰이나 검찰 등 공안기관에서 피의자나 범인을 신문하는 심문실이나 범인 검출 등 법률 집행이 실시되는 곳에 주로 이용된다.

그러다 보니 쌍방거울의 사용은 사생활 보호를 위해 법률로 엄격히 규제된다. 미국의 경우 대부분의 주에서 화장실, 탈의실, 샤워실, 호텔 등에 쌍방거울의 사용을 금지하는 법안이 있으며 상대방을 감시하기 위해 이 거울을 사용하게 되면 반드시 그 사실을 알리는 표시를 해야 한다. 쌍방거울은 거울 속에 비친 자신의 모습을 내가 아닌 다른 사람이 건너편 벽을 통해 동시에 보기 때문에 이로 인해 발생하는 에피소드도 많다.

**놀이공원의
쌍방거울**

아주 오래전에 공휴일을 맞아 애들을 데리고 어린이들이 즐겨 찾는 서울 근교 놀이공원에 간 적이 있다. 누구에게나 익숙한 야외 놀이터나 놀이 기구들과 함께 일정 공간을 미로처럼 만들어 놓고 마지막에 출구로 빠져나오게 하는 '미로 동굴', 괴기한 음악이 흐르는 가운데 각종 귀신이나 악마 복장으로 장식한 조형물이나 괴물들의 숲을 헤치고 야외로 빠져 나오게 하는 '공포의 굴' 같은 컨셉으로 다양한 놀이거리를 만들어 놓은 곳이었다. 애들은 평소 겪어보지 못한 신기한 놀이거리로 무서워하면서 연신 소리를 질러대면서도 식구들이 같이 동행하고 있다는 안도감으로 마냥 즐거워했다.

지금도 필자의 기억에 남는 재미있었던 일은 마지막 출구 직전에 설치해 놓은 쌍방거울 앞에서 일어났다. 출구로 나오기 직전 설치되어 있는 큰 거울을 보며 평소 집이나 사무실에서 하던 것처럼 안심하고 머릿결과 옷매무시를 다듬었다. 거울 앞에 얼굴을 바짝 갖다 대고선 조금 전 애들과 함께 간식으로 먹은 음식물이 치아에 끼었는지 확인하기 위해 입을 이리 벌렸다가 저리 찡그렸다가 하면서 얄궂게 돌려가며 입안을 확인했다.

그리고는 코너를 돌아서 나오니까 바로 그 거울 반대편에 임시 휴게실이 마련되어 있었는데, 대부분의 사람들이 조금 전 자신들이 지나오면서 바로 그 거울 앞에서 했던 것과 비슷한 행위를 다른 사람들이 하고 있는 것을 보고 박장대소를 하고 있었다. 알고 보니 주관사측에서 방문객들의 재미를 더하기 위해 쌍방거울을 만들어 놓은 것이었다.

 방금 전 쌍방거울을 지나온 필자는 그 거울 앞에서 당연히 아무도 모르겠거니 여기고는 집에서 혼자 거울을 마주볼 때 하듯이 치아 상태를 확인하기 위해 입안을 이리저리 살피기도 하고 코도 씰룩거리는 등 오만상 우스꽝스런 표정으로 거울을 마주했는데, 휴게실 안에 있는 많은 사람들이 필자의 해괴스런 모습을 보고 얼마나 웃었겠나 생각하니 눈앞이 아찔하기까지 했다.

 그나마 다행스럽게도 입이나 코를 씰룩거린 정도였기에 망정이지 필자가 본 장면처럼 코털을 뽑거나 해서 다른 사람들에게 더 큰 웃음거리를 제공했더라면 어찌되었을까 생각하니 현기증마저 들었다.

 주관사측의 배려 아닌 배려(?)로 그날 나름 창피를 톡톡히 당했지만 아이러니하게도 그때 그 경험이 필자에겐 오히려 큰 교훈으로 남아 도움을 주었다. 특히 해외 생활을 하면서 생각지도 않았던 덕을 본 것 같다. 그날 쌍방거울과 얽힌 재미있는 경험을 통해 그동안 거울에 대해 갖고 있던 고정관념을 깨면서 더 이상 거울이 나 혼자만의 얼굴이나 모습을 비춰주는 물건이 아니라 언제든지, 또 누구든지 내 얼굴과 모습을 동시에 바라볼 수 있다는 사실을 깊이 깨닫게 되었다.

  혼자 있을 때도 방자함이 없이 스스로를 돌아보고 경계하는 것을 게을리 하지 말아야 한다는 동서고금 성현들의 말씀을 그날 놀이동산에서 가졌던 쌍방거울과의 단순한 놀이거리 하나로 마음 속에 새길 수 있었다.

길거리에 쏟아진
우유

동유럽에서 유학 생활을 할 때 있었던 일이다. 지금은 상황이 완전히 달라졌지만 당시 필자가 거주하던 도시는 우리나라 사람이라고는 공관원이나 지상사원 정도인데다 관광객도 거의 없었기 때문에 한인 타운은 물론 한국식당도 귀했고 당연히 한국 식품점도 없었다. 젖먹이 어린애를 데리고 살고 있던 필자 가족은 유아용품이나 한국 식품을 구입하기 위해 거의 두어 달에 한번 꼴로 인근 베를린이나 비엔나를 방문했다.

  한번은 베를린에 있는 한국 식품점에서 수개월 동안 생활하는데 필요한 한국 식품과 아기용품을 사고는 자동차를 세워둔 주차장으로 이동하고 있었다. 그런데 유모차에 타고 있던 아들 녀석이 컨디션이 좋지 않았던지 우유를 먹다가 갑자기 길바닥에다 토해 버렸다. 그 바람에 병 속의 우유까지 쏟아져 주위 길바닥이 엉망이 되었다.

　아무리 아들이라고는 하나 뱃속에 들어갔다 도로 나온 우유에서 뿜어져 나오는 특유의 고약한 냄새에다 이미 길바닥에 쏟아버린 우유 잔량을 처리하기 난감했다. '보는 사람도 없는데 그냥 모른체하고 자리를 황급히 벗어나 버릴까' 망설이기도 했지만 순간적으로 옛날 놀이동산에서 겪었던 쌍방거울에서의 기억이 떠올랐다.

　필자는 주머니에서 손수건을 꺼내 마치 집안 마루를 청소하듯 길바닥을 깨끗하게 닦고선 아무 일도 없었던 것처럼 다시 주차장으로 이동하려고 했다. 그때 어디서 나타났는지 안경을 쓴 70대 중반 정도의 나이로 보이는 할머니가 다가와서는 통상 아기를 처음 대할 때 하는 대로 언제 태어났는지, 아들인지 딸인지 등 이것저것 물어보고는 필자 가족이 어디에 사는지 궁금해하면서 호의적인 반응을 보이는 것이었다.

　그분은 조금 전 필자가 들렀던 한국 식품점 맞은편 주택에 사시는 분인데 산책을 위해 집을 나섰다가 필자가 취한 행동을 목격하게 되었다고 한다. 만일 행인들이 이용하는 공공장소인 길거리에 우유를 쏟고 그냥 가려고 했더라면 한국 식품점에 알리거나 필자를 불러 세워 청소를 하고 떠나도록 하려고 마음먹었는데 우유를 쏟자마자 주머니에서 손수건을 꺼내 주위를 깨끗이 정리하는 모습을 보고 못내 흐뭇하게 여겨져 필자에게 말을 걸게 되었다고 설명했다.

그 순간 조금 전 아무도 보는 사람이 없는 줄 알고 그냥 갔더라면 남의 나라에 와서 이름도 모르는 할머니에게 얼마나 큰 창피를 당했을까 생각하니 눈앞이 아찔했지만, '물 들어올 때 노를 저어라'는 말처럼 '한국인이면 누구나 다 어디서든 공중 예절을 잘 지킨다'고 역설(?)하면서 있는 대로 우리나라 자랑을 했다. 대화를 나누다보니 공교롭게도 그분의 남편이 필자가 유학중인 대학원에서 예전에 잠시 국제관계학 교수로 근무한 인연으로까지 이어졌다. 그분은 평소 자주 마주칠 기회가 없었던 한국의 젖먹이 애기가 너무 귀엽다면서 거의 반강제적으로 끌고 가다시피 하여 필자 가족을 자신의 집으로 데려가려고 했다.

 마침 우리도 인근 카페에라도 가서 휴식을 좀 취한 후 먼 길을 떠나려던 차라 생활정보도 얻을 겸해서 할머니가 이끄시는 대로 자택을 방문했다. 할머니는 우리나라에서 오랜만에 만난 자식이나 손주에게 해주시는 것처럼 좋은 차와 간식 등 먹을거리를 잔뜩 내어 주셨는데 한눈에 봐도 그저 잘해 주고 싶어 하시는 모습이 역력했다.

필자 가족은 무슨 개선장군이나 된 것처럼 귀한 대접을 받으면서 예전에 할머니가 자녀들을 키우시던 이야기를 비롯해서 부부의 학창시절 무용담과 한국의 문화와 전통예절 등 많은 소재를 가지고 즐겁게 담소를 나누었다. 그런 와중에도 필자의 머릿속에는 '아까 아들 녀석이 길거리에 우유를 토하고 그냥 자리를 떠났더라면 그 후과가 어떠했을까?' 하는 생각이 계속 머물면서 예전 놀이동산에서 쌍방거울 앞에서 잠시 창피를 당하면서 깨우쳤던 귀중한 교훈이 또다시 떠올랐다.

사람들이 공용으로 이용하는 공공장소인 길거리에 우유를 쏟아 엉망을 만들었으니까 청소를 해야 하는 게 당연한데 잠시 아둔한 생각으로 그냥 줄행랑을 쳤더라면 개인적으로 망신을 당하는 건 물론이고 우리나라 사람 이미지에 아주 제대로 먹칠을 할 뻔했다고 생각하니 쌍방거울이 가져다 준 선물이 두고두고 고맙게 여겨졌다.

아무도 없는 것 같지만 언제든 누군가가 나의 행동을 보고 있을지도 모른다고 생각하고 공중도덕이나 예절에 벗어나는 행동을 삼가는 것 하나로도 낯선 사람의 마음을 얻을 수 있다.

혼자 있을 때도 스스로 경계해야

요즘은 반려견이나 애완동물을 키우는 사람들이 늘어나서 아파트나 주택가 어디를 가든 강아지를 데리고 산책을 즐기는 사람들과 자주 마주하게 된다. 과거에는 동물병원 정도가 전부였던 것 같은데 어느새 애완동물 전문 카페나 미용센터 또는 화장장까지 생겨나 성업을 이룬다고 하니 애완동물이 가족의 일원으로 자리매김을 했다고 할 수 있을 것 같다.

동네 주변을 산책하다 보면 가끔 자신이 데리고 나온 강아지가 공공장소에서 실례를 해도 모르는 척 그냥 지나쳐 버리는 주인도 있지만, 대부분의 사람들은 데리고 나온 강아지가 볼일을 보면 주변 사람들에게 민폐나 불편을 끼치지 않으려고 비닐봉지 같은 것을 들고 따라다니며 치우는 아름다운 모습을 쉽게 볼 수 있다.

시골인데다 자연친화적인 분위기라서 그랬던지 어릴 때 필자가 살았던 동네어귀 여기저기에 갖가지 종류의 생활 폐기물이나 동물들의 배설물이 널려져 있었던 것을 생각하면 지금은 정말 공중도덕과 예절이 눈에 띄게 향상되었다고 할 수 있다. 그렇지만 아직도 공원이나 뒷동산 등 주거시설과 조금만 떨어진 장소에 가보면 애완동물의 배설물을 포함하여 행인들이 마구잡이로 버린 것으로 보이는 생활 쓰레기들을 많이 발견할 수 있다.

이러한 장면을 마주할 때면 필자는 공공장소에다 쓰레기를 마구 투척하거나 공공기념물에 낙서금지 등 주의를 환기시키는 안내문이 붙어 있는데도 보란 듯이 낙서나 훼손을 하는 사람들의 모습이나 심리상태를 떠올리게 된다. '주변에 아무도 없는 것같지만 쌍방거울에서와 같이 누군가 다른 사람이 나의 행동을 보고 있다면 그래도 아무 거리낌 없이 저런 행동을 할 수 있을까?' 하고 말이다.

필자는 과거 놀이동산에서 겪었던 쌍방거울에서의 소중한 경험 덕분에 중용(中庸)에 나오는 '혼자 있을 때 스스로를 더 경계'할 것을 가르치는 구절을 좋아해서 대학에서나 외부 강의 때 자주 인용하고 있다.

사람이란 남의 눈을 두려워하여 사람들 앞에서는 언행을 조심하지만 혼자 있을 때나 으슥한 곳에 있을 때는 엉뚱한 짓을 범하기 십상이다. 하늘이 내려다보고 있다고 추상적으로 또는 관념적으로 생각할 것이 아니라 하늘은 낮이건 밤이건, 번화한 곳이건 으슥한 곳이건 가리지 않고 두루 살펴보고 있다는 생각을 지닌다면 평생을 살아감에 있어 나쁜 행동을 제어해 주는 힘이 될 것이다.

04
게임에서 지고도
상대를 이기는 지혜

인간은 누구나 승부욕을 갖고 있다. 겉으로 드러내지 않아서 그렇지 승부욕이 없는 사람은 없을 것이다. 다만 표현방법이 다를 뿐이다. 명절날 집안 식구들끼리 모여서 즐기는 윷놀이와 바둑, 장기같은 소소한 놀이나 취미활동은 물론이고, 자신이 직접 팀의 일원으로 경기에 나설 때나 직접 경기에 뛰지 않고 팀을 응원하는 경우에도 승부욕이 유달리 강한 사람들을 쉽게 볼 수 있다.

예전에 기회가 주어져 잠실에 있는 프로야구 경기장을 방문한 적이 있었는데 운이 좋게도 소위 '라이벌 중에 라이벌' 팀 간의 경기가 벌어진 날이었다. 경기의 승패나 내용 자체보다는 양 팀이 벌이는 응원전의 열기가 더 뜨거워서 재미가 쏠쏠했다. 어떤 사람은 자신이 응원하는 팀의 타자가 홈런을 치자 마치 로또에 당첨되었거나 아들이 사법고시에라도 합격했다는 소식을 들은 듯이 양손을 치켜들고 껑충껑충 뛰면서 즐거워했다. 이와 반대로 역전을 시킬 수 있는 중요한 순간에 기대했던 타자가 헛스윙으로 삼진 아웃이 되자 땅이 꺼질 듯 한숨과 탄식을 내뿜으며 고개를 축 늘어뜨리는 사람도 있었다. 자신이 마치 경기장에서 뛰고 있는 선수의 친형이나 아버지라도 되는 것처럼 그라운드의 선수들과 혼연일체가 되어 목이 쉬도록 응원하는 모습에서 개인별 승부욕의 차이를 잘 볼 수 있었다.

멋은 이길 때보다
질 때 부려야

인간의 승부욕은 비단 운동경기뿐 아니라 평소 일상생활 속에서도 잘 드러난다. 직장 생활을 하면서 간식 내기로 사다리 타기 게임을 할 때도 그렇다. 어떤 사람은 운이 나빠서 게임에서 지게 되면 잃은 돈보다도 내기에서 졌다는 분노나 상실감에서 기분 나쁜 태도를 그대로 드러내 보임으로써 주변 사람들에게 실망감을 안

겨주고 '소갈머리 없는 소인배'라는 소리를 듣는다. 게임에서 이기지 못한 것이나 잃은 돈보다도 더 큰 것을 잃는 경우다.

반대로 어떤 사람은 게임이나 내기에서 져서 충분히 기분이 상하고도 남을 상황인데도 오히려 너털웃음 한번으로 어색한 분위기를 바꾸면서 승자에 대한 배려의 박수를 쳐줌으로써 잃은 돈보다 훨씬 더 큰 것을 얻기도 한다.

솔직히 게임이나 내기에서 지고도 아무렇지도 않게 진정으로 상대를 축하해주면서 웃을 수 있는 멋을 부리기란 참으로 어렵다. '상대방을 정확하게 판단하고 먼 인생길을 같이 가려면 여행을 함께 해보라'는 말이 있다. 평소 가까이 지내면서 자신에게 꼭 필요한 사람의 마음을 얻거나, 일상에서 소소한 놀이나 취미생활을 같이하는 동반자의 마음을 얻으려면 게임이나 경기에서 이길 때보다 질 때 특히 멋을 부릴 줄 알아야 한다. 사회생활을 잘하기 위해 억지로나 일부러 져주지는 않더라도 '지고도 이기는 멋'을 부리는 사람이 되면 여러 가지로 좋은 점이 많다.

과거와 달리 골프는 이제 어느 특정 계층이나 경제적으로 여유가 있는 사람들만 즐기는 것이 아니라 사회생활을 영위하는 웬만한 사람들은 누구나 즐길 수 있는 대중적인 스포츠로 자리매김했다. 필자도 골프를 하는데 잘하지는 못해도 워낙 구력이 오래 되다 보니 골프의 습성을 어느 정도는 알고 있는 편이다. 골프를 하는 사람이라면 누구나 쉽게 공감할 것으로 여겨지지만, 골프는 참으로 예민한 운동이라서 어렵기도 하지만 18홀을 거치면서 인생살이에 비유될 만큼 다양한 감정의 굴곡을 경험하게 된다.

특별히 예외적인 경우가 아니라면 4명이 한조가 되어 적어도 4-5시간을 같이 시간을 보내야 하는 스포츠다 보니 아무래도 동반자들과 쉽게 친해질 수 있다는 장점이 크다. 반면에 자신도 모르는 사이에 내면 깊숙이 잠재되어 있는 인간성이나 심지어 감추고 싶은 추한 승부욕이 부지불식간에 노출될 수도 있어 상당히 조심해야 할 부분도 있는 것 같다.

라운딩을 하다보면 평소 오랫동안 알고 지냈던 상대방의 성격이 자연스레 나타나는 경우가 허다하다. 평소 사무실에서는 늘 넉넉한 웃음과 너그럽고 인자한 모습으로 후배들을 대해줘서 모든 후배들로부터 존경을 받고 있는 사람도 그렇다. 골프가 제대로 되지 않아 중요한 순간에 뒤땅을 치거나 생각지도 않은 지점에서 생크라도 내면 '과연 이분이 이전에 이런 사람이었나?' 싶을 정도로 상상이 되지 않을 만큼 전혀 다른 사람이 되고 육두문자를 섞은 신경질이나 심통을 내기도 한다. 특히 승부욕이 강한 사람일수록 더욱 그렇다.

다른 사람과의 식사자리·미팅과 마찬가지로 중요한 사람과 함께 하는 비즈니스나 골프와 같은 운동에서 상대방의 마음을 잡는 것은 어떻게 보면 참으로 간단하면서도 쉬울 수 있다. 마인드컨트롤이 안 되면 훈련으로라도 연습하고 또 연습해야 한다. '원하는 것을 얻기 위해서는 늘 이기기만 해서는 안 되고 지는데 익숙해져야 한다'는 명언도 있다. 지고도 이길 수 있는 멋을 부릴 줄 알면 소소한 골프경기 한 번으로도 상대방의 마음을 얻기에 충분하다.

골프는 즐거워야

흔히 미국은 골프 천국으로 알려져 있다. 특히 한국 사람들이 많이 거주하는 캘리포니아 주 같은 곳은 골프를 좋아하는 사람에게는 더없이 멋진 곳이다. 한국에서와 같이 부킹 자체가 어렵거나 고가의 비용이 들지 않고, 마음만 먹으면 출근하기 전 새벽에 동네 퍼블릭 골프장에서 혼자서 한 바퀴 돌고 출근할 수 있을 정도로 골프 환경이 좋다. 그러다보니 주말에는 웬만하면 가까운 직장 동료나 지인, 또는 친하게 지내고 싶은 사람들과 골프를 즐기게 된다.

  필자는 보통 한두 달 정도 후의 주말이나 휴일까지 약속이 되어 있을 정도로 비즈니스뿐 아니라 평소 자리를 같이 하고 싶은 사람들과 라운딩을 많이 하는 편이었는데, 주변 사람들로부터 같이 라운딩하자는 오퍼를 많이 받았다. 지금 와서 곰곰이 생각해 보면 당시 필자가 골프에 남다른 특기가 있거나 그런 것은 아니었다. 아마도 필자와 라운딩을 하게 되면 무엇보다 편안하고 즐겁게 시간을 보낼 수 있도록 분위기를 주도한 것이 많은 사람들이 다시 필자와 라운딩을 하고 싶게 만든 요인이었던 것 같다.

필자는 절대로 같이 라운딩을 하는 맴버들에게 부담을 줄만한 돈내기는 하지 않았다. 라운딩의 재미나 긴장감을 불러일으키기 위해 통상 매홀 당 1달러 정도 내기를 했는데, 그것도 게임이라서 가능한 한 동반자 중 어느 한 사람도 기분이 상하지 않도록 배려했다. 동반자 중 한 명이 컨디션이 좋지 않아서 전반전에 한 홀도 이기지 못해 약간 기분이 다운되었다 싶으면 드러나지 않게 사전에 정한 규칙을 기술적으로 변형해서라도 몇 개 홀을 이길 수 있도록 배려하여 분위기를 반전시켰다.

특히 필자가 컨디션의 난조를 보여 동반자들이 민망해할 정도로 철저하게 망가지는 날에는 속으로는 화가 치밀어 오르지만 같이 있는 동반자들에게 부담을 주지 않기 위해 오히려 더 많이 웃으면서 평정심을 유지하여 시종일관 동반자들과 즐거운 분위기 속에서 라운딩했다.

당시 필자가 가졌던 골프에 대한 생각은 평소 일터에서 벗어나 좋은 사람들과 라운딩 하러 와서 설사 골프가 마음같이 잘 되지 않더라도 절대 짜증을 내거나 동반자들이 부담스러워 하는 행동을 해서는 안 되고 무조건 즐거운 분위기에서 라운딩을 마쳐야 한다는 것이었다.

그러다보니 평소 잘 알지 못했던 사람들과도 라운딩 이후 서로 좋은 기분으로 만남을 이어나갈 수 있었고 자연스레 재(再) 라운딩으로 이어지는 등 골프가 사람을 사귀고 친분을 유지하는데 많은 도움이 되었다. 나름대로 골프의 장점을 최대한 유리한 쪽으로 활용하려고 노력했던 것 같다.

동료에게 라운딩 오퍼가 없었던 이유

필자와 같은 시기에 근무하던 국내 모기업 지사장은 주변 사람들이 같이 라운딩 하기를 꺼려서 골프장에 나가지 못했다. 단체 행사가 있는 날에도 그 사람과 전에 라운딩을 한 경험이 있는 사람들이 같이 한 조가 되어 라운딩하기를 부담스러워 한다는 소문이 있었다. 골프 환경이 더없이 좋은 곳에서 골프를 즐기는 사람들이 주변에 널려있는데, 그것도 대부분의 주말골퍼들이 수개월 이후 약속까지 다 잡혀 있는 게 보통인데 왜 그분은 같이 라운딩하자고 오퍼를 하는 사람이 없을까 궁금했다. 그런데 그분과 한 번 라운딩을 해보고서는 금방 그 이유를 알 수 있었다.

그분은 평소 모자람이 없는 점잖은 인격의 소유자로서 최고 학벌에다 스펙도 훌륭해서 어디 내놓아도 흠잡을 데가 없을 정도로 뛰어난 사람이었다. 그래서인지 몰라도 겉으로 드러내지 않으려고 조심은 했지만 내심 스스로에 대한 우월감이나 자존심이 유독 강한 것이 느껴졌다.

필자가 그분과 같이 첫 라운딩을 한 날은 하필이면 그 분의 컨디션이 극도로 좋지 않은 날이어서 매 홀마다 공이 엉망으로 날아가 같이 라운딩 하는 동반자들이 민망할 정도였다. 필자는 여느 때처럼 농담도 하고 화제를 이리저리 옮기면서 전체 분위기를 좋게 유지하려고 노력했다.

그러던 중 후반전 어느 홀에선가 옆에 있던 동반자 한 사람의 "에이, 또 저러네"라고 하는 짧은 탄식소리가 들렸다. 그분이 중요한 순간에 아이언을 휘둘렀는데 그게 본인 생각대로 제대로 맞지 않아 생크가 났던 모양이었다. 그랬더니 그분은 쌍욕을 하면서 주위에 있는 나무에다 냅다 골프채를 후려 갈겼고 공교롭게도 그 아이언 헤드가 인공 해저드로 만들어 놓은 연못 속으로 들어가 버린 것이었다.

과거 그분과 라운딩한 경험이 있는 동반자는 그 장면을 멀리서 바라보면서 골프가 제대로 되지 않을 때 그분이 보이는 행동에 익숙했던지 몹시 못마땅해 했다. 그제서야 필자는 왜 그 분이 골프 라운딩 동반자로 인기가 없는지 한순간에 알 수 있었다. 대부분의 골퍼들처럼 그럴수록 거짓으로라도 웃으면서 "오랜만에 골프장에 나왔는데 많이 치면서 본전을 뽑는 게 남는 것이야"라고 짐짓 여유를 부리면서 동반자들의 마음을 배려하는 모습을 보였더라면 어땠을까 하는 생각이 들었다.

사람에 따라 정도의 차이는 있을지언정 자존심이나 승부욕이 없는 사람은 없다. 다른 사람들과 오랜만에 야외에서 즐기는 골프나 운동경기에서 알량한 자존심으로 상대방의 마음을 불편하게 할 필요는 없다. 오히려 경기에서 지거나, 져주고도 상대방의 마음을 얻을 수만 있다면 그것이 훨씬 더 이득이 될 것이다.

경기에서 지고도 훌륭하다는 멋을 부릴 수만 있다면 그 까짓 거 언제든 또다시 멋쟁이가 되는 연출을 할 준비가 되어 있어야 한다. 지고도 이기는 것 ― 이것 하나로도 상대방의 마음을 얼마든지 얻을 수 있다.

05
누구나 간절히
원하는 것은 있다

사람은 자신이 처한 상황이나 환경에 따라 각자 원하는 바가 다르다. 대학입시를 준비 중인 수험생에게는 누가 뭐래도 남들이 누구나 다니고 싶어 하는 일류 대학에 합격하는 것이 최대의 바람일 것이다. 비즈니스를 운영하는 사업가는 잠을 못자고 집에 들어가지 못하더라도 현재 진행 중인 사업이 번창해서 어마어마한 부를 창출하게 되는 것이, 또 건강을 잃어버려 병원에 입원중인 환자에게는 하루라도 빨리 퇴원하여 뛰어다닐 수 있는 건강을 되찾는 것이 무엇보다 소중할 것이다. 마찬가지로 고령의 어르신들에게는 대통령이나 고관대작의 지위나 호화별장이 딸린 큰 집 등 흔히 세상 사람들이 부러워하는 명성이나 재산이 아니라 돌아갈 수만 있다면 20대 청년이 가진 젊음을 간절히 염원할 것이다.

우리가 매일 마주하는 비즈니스 협상이건, 백화점이나 시장에서 판매원을 대상으로 벌이는 가격 흥정이건, 관공서를 상대로 해결해야 하는 일처리나 심지어 하루 종일 게임에만 몰두하고 있는 자녀를 대상으로 달래야 하는 타협이건, 상대방을 두고 벌이는 협상이나 게임에서 원하는 것을 얻기 위해서는 바로 그 상대가 마음을 열고 공감해줄 때 가능하다. 상대방의 마음을 얻는 방법은 여러 가지가 있겠지만 사람들은 누구나 다 자신이 간절히 바라고 원하는 것이 있기 때문에 이것을 충족시켜주는 것도 한 가지 방법일 것이다.

'건강 보조제품'으로 마음을 얻다

과거 미국 공관에서 근무할 당시 거의 40년 가까운 연령차에도 불구하고 주재국의 국제관계 전문 저명학자와 밀접한 개인 친분 관계를 유지한 적이 있다. 당시 그분은 필자를 만나기 약 7-8년

전쯤 부인이 암으로 세상을 떠나는 바람에 홀로 생활하고 있는 상태였다. 필자는 평소 주요 국제 현안이나 국제정치에 개인적인 관심이 많아서 미국의 저명 학자와 대화를 나누는 것이 공부가 된다는 생각으로 그분과의 만남을 참 소중히 여겼다. 그분도 국제관계학을 전공한 필자와의 개별 만남을 좋아해서 많은 나이차에도 불구하고 서로 자연스럽게 정이 많이 들었다.

비즈니스를 비롯한 사람과의 만남에서 대부분의 대화는 사실 짧은 시간에 끝낼 수 있고 전달하려고 하는 메시지도 지극히 간단하고 한정되어 있다. 하지만 공관원 신분에서 예의를 갖춘 가운데 이루어지는 만남은 단지 필자가 평소 궁금해 하는 것과 학문적 욕구만을 충족하는 수준에서 끝날 수는 없고 외교적 스킬을 발휘하여 비교적 장시간 만남을 가져야 했다. 그분과 개인적 라포와 친분을 형성하기 위해 신변잡기를 비롯하여 경우에 따라 가족사에 이르기까지 대화가 이어지다 보니 상호 만남을 가질 때마다 꽤 오랜 시간을 함께 보냈던 것 같다.

아무리 문화나 국적이 다르다고는 하나 연세가 많은 어르신이 다보니 필자는 몸에 밴대로 그분을 친아버지같은 마음으로 예의 범절을 다해 대했다. 상세한 내막이야 알 수 없지만 만남의 과정에서 겉으로 드러난 것만 봐서 그분은 상당한 재력을 갖고 경제적으로 꽤 윤택한 생활을 하고 있는 것처럼 느껴졌다. 큰 아들은 교수로, 또 막내인 딸은 의사로 타 지역에서 사는 것을 보면 많은 것을 갖추고 인생을 잘 살아오신 분인 건 틀림없는데 아무래도 부인 없이 혼자 생활하다보니 외로움이 가장 큰 흔적으로 남아있었다.

우리는 주로 외부 식당에서 만남을 가졌지만 가끔은 그분의 제의로 자택이나 그곳에서 그리 멀지 않은 곳에 위치한 세컨드 하우스에서 만나 식사를 하고 와인도 즐겨 마시곤 했다.

하루는 술도 한잔 한 상태에서 기분이 좋아서 그랬는지 몰라도 그분은 자신의 학창시절 연예담이나 젊은 시절 부인과의 러브스토리와 함께 자신의 성생활에 대해서도 스스럼없이 이야기했다. 내일모레 80세가 되는 분이 더 이상 성생활은 물론 이성문제에는 그리 관심을 갖지 않고 조용히 인생을 마무리하고 계실 거라고 스스로 재단하고 있었던 터라 의외의 대화에 놀라기도 했지만, 당시 40대인 필자에게는 당연히 호기심 있는 주제여서 상당히 신기해하면서 경청했던 것 같다.

그분은 부인이 사망하고 나서 자식들마저 멀리 떨어져 생활하고 있어 평소 알고 있는 여성들과 이성적으로 가깝게 지내고 있으며 그것도 애인관계에 있는 여성이 50대 후반과 60대 초중반 두 사람 등 총 3명이나 된다는 이야기를 했다.

필자는 아버지 연배이신 분께 크게 무례를 범하지 않는 범위에서 이것저것 개인적으로 궁금한 것을 물어보면서 조심스럽게 노인들의 성생활에 대해서도 질문을 했다. 그분은 "남자는 죽는 날까지 이성에 대한 생각을 버리지 못하는 것 같아요"라고 다소 수줍게 말하면서 아주 가끔이지만 세 명의 여성과 밤을 보내고 있는데 예전과 달리 몸이 따라주지 않아 난감한 상황도 있다고 이야기했다.

필자가 개인적으로 궁금하다면서 "세 분 중 제일 마음에 드시는 분과 재혼을 생각하고 계시지는 않나요?" 라고 물어봤더니 그분은 "솔직히 60대 초반의 여성이 제일 미인이고 이성적으로도 가장 매력적이지만 너무 나이차가 커서 자식들에게 부담을 줄까봐 결혼까지는 고려치 않고 있다"고 대답하면서 몹시 수줍어하시던 모습이 지금도 눈에 선하다.

필자는 평소 자식처럼 대해주면서 경제적으로 여유가 있어서인지는 몰라도 거의 매번 식사비를 지불하면서까지 필자와의 개인적 만남을 즐거워하던 그분의 호의에 그렇지 않아도 무언가 선물이라도 준비해야 되겠다고 마음먹고 있던 차라 그날 대화로 그 해답을 찾을 수 있었다. 그분이 대놓고 말은 안 했지만 간절히 원하는 것이 있는 것은 분명했다.

당시 젊은 나이의 필자에게는 그리 익숙하지 않았지만 오롯이 자식같이 대해주면서 업무적으로 상당한 도움을 주고 있는 그분이 간절히 원하는 것이 있다는 사실에 오히려 기쁨을 느끼면서 주변의 믿을만한 친구 도움을 받아 일시적이나마 남성으로서 젊음을 향유할 수 있는 '신비의 건강 보조제품'을 구입했다. 그분과의 다음 만남에서 필자가 "체면상 직접 구입하는데 어려움이 있으신 것 같아 자식같은 마음에서 효도선물로 대신 준비했으니 삶의 활력을 되찾기 위해 꼭 필요하실 때 사용하시면 좋겠다"고 설명하면서 건강 보조제품을 선물했다. 그분은 얼굴에 홍조까지 띠면서 처음에는 다소 멋쩍어했으나 필자가 건네준 선물에 너무나 만족해하면서 연신 감사인사를 했다.

인생을 살아가다보면 아무리 많이 가진 사람이라고 해도 무언가는 스스로가 간절히 원하는 것이 있을 것이다. 사람에 따라서는 무언가에 대한 보상으로 큰 선물이나 재물을 원할 수도 있겠으나 의외로 조그마한 정성이 담긴 마음 씀씀이 하나에 감동하면서 크게 만족해하기도 한다.

돌이켜보면 필자가 최근 연구 중인 고령화 문제의 주제중 하나인 노인의 성의식이나 성문제 연구에 당시 그분과의 만남이 큰 도움이 된 것 같다.

요즘에는 언제 어디서나 누구든 간편하게 복용할 수 있는 보약이나 건강식품이 많이 출시되어 있는데다 성생활에 필요한 보조

약품까지 손쉽게 구할 수 있어 평소 건강에 관심을 갖고 자기관리를 철저하게 해온 노인들은 고령에도 불구하고 나름 성생활을 유지하고 있다. 자식이나 젊은층들이 노인이라는 단어가 주는 그릇된 선입견이나 자가당착으로 인해 부모님을 비롯한 노인들의 성의식이나 성문제에 대해 많이 무지한 부분은 없는지 한번쯤 돌아볼 필요가 있겠다는 생각이다.

노인의 성문제에도 관심을 기울여야

현대사회의 정보화 특성을 반영하듯 지금 우리는 과거 대중을 대상으로 거의 유일하면서도 대표적인 정보 제공 소스로 여겨져 온 TV나 라디오 등 소위 공중파 언론매체 이외에 유튜브라는 채널을 통해 많은 정보를 얻고 있다. 정규방송이 일방향적 특성을 갖고 있는데 비해 유튜브는 소통을 강조하는 시대의 흐름에 따라 실시간으로 상호 소통 하에 쌍방향으로 이루어지고 있어 편리하다.

 필자도 평소 관심 있는 분야에 대한 정보를 얻기 위해 전문서적 이외에도 자주 유튜브 채널을 이용하는 편이다. 정치나 국제 현안은 물론 건강을 주제로 한 방송 등 참으로 다양한 정보가 쏟아지고 있는데, 노인 문제에 관심을 갖고 있다 보니 은퇴 후 지혜롭게 살아가기를 강조하는 내용이나 노인들의 건강이나 안전문제에 대한 방송을 즐겨 본다. 그 중에는 가끔 노인들의 성의식이나 성문제를 다루는 내용도 있어 호기심을 갖고 보고 있다.

성의학 분야의 전문가가 아닌데다 개인차가 존재하고 있어 당연히 개인의 건강 상태나 타고난 생리학적 특성에 따라 많이 다를 수 있겠지만, 예전에 방송에 출연한 모 70대 노부부가 여전히 부부생활을 유지하고 있으며 젊은 시절과 똑같이 이성에 대한 관심도 여전하다는 사실을 자연스럽게 이야기하는 것을 보면서 솔직히 많이 놀랐다.

하지만 그간 소홀히 하거나 내 마음대로 생각하고 간과해버린 노인들의 성의식이나 성생활에 대해서도 자연스레 관심을 갖는 계기가 되었다. 사실 내 눈에 비친 동네 어르신들이나 우리 부모님의 성의식에 대해서는 애써 무관심하게 생각해 왔었다.

비뇨기과를 운영 중이거나 노인의 건강문제를 연구 중인 주변 지인들과의 대화 기회에 확인해본 결과 한 가지 분명한 사실은 우리 부모님들도 이성에 대한 관심이 여전하며 심지어 고령 어르신까지 성생활을 유지하고 있다는 것이다.

우리가 가장 가까이서 보아온 부모님들이 항상 자식들을 위해 일만 하는 존재라고 치부해버린 것은 아닌지 스스로 돌이켜보게 된다. 요즘처럼 독거노인의 증가가 사회문제화할 수 있는 만큼 성문제를 포함해서 관련분야에 대한 다양한 연구와 해결방안이 이루어져야 할 것으로 보인다.

이 생각 저 생각 - 4

아버지께도 연애 감정이
남아있었을까?

필자의 아버지는 어머니가 돌아가신 후 4년간 홀로 사셨다. 한번은 청소와 식사 준비 등 가사도우미를 하신 분이 마음에 들지 않는다고 하시면서 무언의 요구를 하시는 바람에 다른 분으로 바꿔드린 적이 있다.

처음에는 90대 중반이신 아버지가 아무래도 마음 편하게 지내실 수 있을 것 같다는 생각에 70대 후반의 동네 할머니께 간곡히 부탁드려 가사도우미 일을 맡겼다. 성격이 다소 무뚝뚝했으나 음식솜씨나 살림살이가 어머니와 같이 편안하게 느껴졌던 분이었는데, 아버지는 이 분이 게으르다거나 눈속임을 하는 것으로 보인다며 은연중 불평을 하시는 것이었다.

하는 수 없이 수소문을 해서 전임자보다 비교적 젊고 외모도 나아 보이는 60대 초반의 가사도우미 한 분을 새로 모셔다 드렸는데 그 후 아버지는 무척 만족해 하시면서 칭찬하시는 일도 늘어났다.

아마도 한 살이라도 더 젊고 생기가 넘치는데다 붙임성이 뛰어난 새 가사도우미 분이 아버지 마음에 드시지 않았나 하는 생각이 들어 진즉에 교체해 드릴 걸 하고 후회했다.

그 때는 건강하시기는 하나 90대 중반인 아버지가 가사도우미 분을 이성적으로 여기거나 대하지는 않으실 거고, 어머니가 계시지 않은 상태에서 조금이라도 대화상대로 나은 분을 선호하시는 것이라고 생각했다.

하지만 가만히 돌이켜보면 과거 해외에서 만났던 고령자들이 "남자는 죽는 날까지 이성에 대한 생각을 버리지 못하는 것 같다"고 하셨던 것처럼 아버지도 이성에 대해 완전히 포기하거나 초월하신 것은 아닐 수 있다는 생각도 조심스럽게 든다.

Chapter 4

칭찬과 용서의 힘

01　다른 사람이 해주는 칭찬

02　때와 장소에 따라 주인공은 달라져야

03　용서의 묘미

04　때로는 정공법으로 나가는 것도 필요

01
다른 사람이 해주는 칭찬

해외에서 공관원으로 근무하다 보면 현지를 방문하거나 장기 체류하고 있는 한국인들과 접촉할 기회가 많다. 우리나라의 국격이 높아지고 경제가 발전하면서 과거에는 상상하지도 못한 국가나 지역에도 한국 사람이 살고 한식당 영업도 한다. 지구상 어디에서든 한국 유학생들을 발견하는 것도 그리 어려운 일이 아니다. 필자는 아이들을 키우고 있는 입장이라서 그런지 유학생들을 만나게 되면 이유 없이 반갑고 정이 갔다. 형이나 삼촌 같은 마음으로 시간이 허락하는 한 밥을 사주고 꼭 필요하다 싶을 때는 아주 적지만 대가없이 용돈을 쥐어준 적도 많았다.

유학생 사회의
다양한 모습

공관에서는 잡다한 행정업무 지원이나 정부대표단 방문 등 공적인 업무 수행 과정에서 현지 유학생들의 도움이 필요할 때가 많다. 유학생 입장에서도 아르바이트 측면과 함께 인생 선배라고 할 수 있는 공관원들과 개별적인 인맥을 쌓는다는 장점이 있어 상호 윈윈한다는 차원에서 서로 좋은 관계를 유지하는 것이 일반적이다.

유학 경험이 있는 사람이라면 누구나 쉽게 공감할 수 있는 부분이지만, 대체로 유학생들은 학교 수업 외에도 개인 사정이나 취향에 따라 다양한 부류의 현지인들과 접촉을 갖는다. 그러다 보니 예상하지 못한 재미있는 상황도 많이 발생한다.

어떤 학생은 현지 언어를 한시라도 빨리 배우고 싶다는 욕심으로 또래 친구들과 개인적 만남을 이어가다가 이성관계로 발전하고, 급기야 이역만리에서 부부의 연을 맺기도 한다. 또 어떤 학생은 주재국을 방문한 국내 기업인이나 지자체 시장 개척단의 현지 방문 시 통역으로 활동하면서 좋은 인상을 준 것이 계기가 되어 학위 취득 후 굴지의 글로벌 기업에 취업해서 현지에 정착하는 케이스도 있다. 학위를 이수하는 과정에서 인연을 맺은 지도교수와 학문적인 분야에서뿐 아니라 부자나 형제와 같은 좋은 관계로 발전하여 또래 학생들이 부러워하는 세계적인 저명대학에서 교수나 연구원이 되는 행운을 잡는 경우도 자주 볼 수 있다.

'사람의 인연이란 참으로 묘해서 세상의 이론이나 논리로는 설명할 수 없는 특별한 뭔가가 있다'는 말처럼 사람과의 관계 속에서 이루어지는 인연은 참으로 드라마틱하다. 얼마 전까지 자기 자신도 전혀 예측하거나 기대하지 않았던 방향으로 흘러갈 수도 있는 것이 인생이다.

유복한 가정에서 태어나 가정적으로나 재정적으로 별 걱정 없이 해외에서 공부만 하고 어딜 가든 주변에서 알아서 도와주는 원군들이 넘치는 소위 금수저 유학생도 있다. 그러나 대부분의 유학생들은 어려운 여건에서도 이루어내고자 하는 미래의 꿈을 안고 갖은 고생을 하면서도 외국으로 나간다.

해외에서 공부하는 학생이 많아질수록 유학생 사회에도 다양한 특성들이 존재한다. 현지에서 만나는 한국인이든 외국인이든 누구에게나 칭찬을 받을 정도로 약속을 잘 지키고 매사 근면 성실한데다 학업도 열심히 하는 학생들이 있는 반면 그렇지 않은 학생들도 있다.

국내에서 사회적으로나 경제적으로 성공하고 명성이 높은 부모를 둔 학생이 학위과정 또는 단기 어학 연수차 외국에 나와서는 초기 단계 얼마 동안에는 이것저것 행동거지 하나까지 조심하다가 시간이 지나면서 점차 아무도 자기가 누구인지를 알아보는 사람이 없다는 얕은 생각에 빠지기도 한다. 그래서 한국에 있을 때 못 해봤던 경험을 한답시고 국내에서와 전혀 다른 나쁜 행동 패턴을 보이다가 중도에 탈락해서 나락으로 떨어지는 경우도 자주 목격된다.

필자는 스스로 생각해도 손해를 볼 때가 많지만, 평생 신념처럼 몸에 배어버린 꼰대 근성(?)을 버리지 못하고 유럽에서건 미국에서건 공·사적으로 인연을 맺는 유학생들에게 늘 잔소리를 했다. '피부색깔이 다르고 문화가 달라도 우리나라에서 좋은 것은 역시 외국인의 눈에도 좋은 것이다'라는 사설을 시작으로 '현지 어르신들께도 항상 친부모를 대하는 마음으로 절대 면전에서 담배를 꼬나문다거나 하지 마라', '외국어 몇 마디 한다고 우쭐해서 길거리나 공원같은 데서 또래 친구들과 어울려 욕지거리나 무례한 행동을 하지 마라' 등 우리의 자랑스런 예의범절을 잘 지키며 생활할 것을 입버릇처럼 주문하고는 했다.

일부 예외는 있지만 사람과의 인연을 소중히 여기는 필자의 바람대로 과거 해외에서 인연을 맺은 많은 학생들과 아직도 서로 연락하면서 인생 2막에서 또다른 좋은 관계를 유지해 나가고 있다.

'정부 인증'이 된 칭찬

미국 동부지역에 근무할 당시 인연을 맺어 지금도 호형호제 하며 친형제처럼 지내고 있는 사람이 있다. 젊은 나이인에도 미국 동부지역 소재 유명대학에서 교수로 재직 중으로, 자기분야에서는 미국뿐 아니라 외국에서도 제법 많이 알려져 수시 특강을 다닐 만큼 유명세를 누리고 있다.

 전생에 무슨 인연이 있었던지, 아니면 흔히 말하는 '캐미'가 맞아서인지 이 친구와는 첫 만남부터 모든 점에서 잘 맞았던 것 같다. 가족끼리 서로 잘 알고 지내는 사이인데다, 고향이 시골이어서 경제적으로 그리 넉넉한 형편은 아니었지만 어린 시절 자연과 함께 자란 덕분에 매사 긍정적인 사고의 소유자였다. 종갓집 전통을 이어가던 부모님으로부터 어릴 적부터 가정교육을 철저하게 받아 예의범절 부분에서는 오히려 필자가 배울 정도로 여러 분야에서 좋은 덕목을 두루 갖추고 있었다.

 이 친구가 스스로 만족하는 성공한 삶을 살아가게 된 것은 전적으로 자신의 노력과 훌륭한 인품이 바탕이 된 결과지만, 겸손하게도 자신이 이루어낸 성공의 이면에는 필자가 한몫 단단히 했다고 늘 덕담을 해준다. 필자는 예의범절을 잘 지키는 이 친구가 너무도 대견해서 주변에 인연이 닿는 사람들에게 입이 닳도록 칭찬과 자랑을 해준 것 밖에 없는데도 말이다.

이 친구가 미국에서 석사과정에 다닐 때 처음 만난 백인 지도교수는 은퇴를 앞두고 있는 원로교수였다. 사제지간으로 시작된 교수와의 관계에서 이 친구는 평소 필자를 만날 때마다 거의 잔소리와 같이 듣던 전통예절을 기억하면서 마치 우리나라에서 젊은이가 어르신들을 대하는 것처럼 깍듯이 예의를 다했다. 지도교수는 워낙 저명하다 보니 그간 세계 각국 여러 나라에서 몰려오는 다양한 제자들을 가르친 적이 있는데, 평소 자신은 물론 자택을 방문할 때 부인에게까지도 깍듯이 해서 부인마저 금방 중독이 되는 바람에 이 친구를 유독 좋아하고 신뢰하게 되었다. 그래서 급기야 자신이 나서서 박사과정을 마치는 것과 동시에 교수자리를 마련해 주었던 것이다.

이 친구의 소개로 필자도 수 차례 그 지도교수의 자택이나 그리 멀리 떨어지지 않은 곳에 위치한 별장을 방문했다. 그때마다 필자는 지도교수에게 평소에 보고 느낀대로 그 친구의 장점을 적극 일깨워주면서 칭찬이자 인간적 보증을 서 주었다. 그러자 그 지도교수는 마치 한국정부에서 그 친구를 인증해준 것처럼 더욱 자신의 제자를 아꼈다고 한다,

지금도 그 친구가 국내를 방문하거나 필자가 미국을 방문할 때면 만나고는 하는데 서로 누가 먼저라고 할 것도 없이 '작은 것의 소중함'을 단골메뉴로 이야기하고 있다. 처음 그 친구를 만났을 당시 인성을 두루 갖춘 훌륭한 성품을 갖춘 데다 친동생같은 생각이 들어 꼰대 소리를 듣더라도 잔소리를 많이 해서 걱정도 됐지만 결과적으로 해피엔딩으로 마무리되어 보람을 느끼고 있다.

누군가 곁에 있는 사람이 나서서 칭찬을 해줄 때 그 효과는 더욱 크며, 스스로 하지 못한 자기자랑을 누군가 대신 해줌으로써 결정적인 순간에 상대방으로부터 신뢰를 얻을 수 있는 법이다.

02

때와 장소에 따라
주인공은 달라져야

국가 기관이나 관공서는 물론 일반 기업체와 같은 조직에는 각자의 위치에서 담당하는 업무에 따라 임원진과 같은 경영그룹도 있고, 겉으로 잘 드러나거나 외부에 알려지지 않아 그 자리가 빛나지는 않더라도 경리나 회계·총무팀과 같은 내근 직원, 일반 고객이나 소비자를 직접 최일선에서 상대하는 마케팅 부서 직원 등 다양한 구성원이 존재한다.

가정과 마찬가지로 조직이나 회사가 발전하고 더 잘 되기 위해서는 어느 한 사람 빠짐없이 구성원들 모두가 혼연일체가 되어 상호 믿음과 끈끈한 솔리다리티solidarity를 바탕으로 조직이 유지되어야만 한다.

최일선에서 뛰는 사람들

대기업이나 중소업체는 물론 일반 고객을 상대하는 업종에 종사하는 직원들의 경우 최일선에서 고객들과 직접 대면해서 그들의 마음을 얻어내는 작업을 하고 있다. 직급이나 직책과 상관없이 그 조직의 중추 역할을 수행하고 있다고 할 수 있다. 기업이 발전하려면 회사 경영진·부서장들과 최일선에서 고객을 상대하는 직원들 간의 상호 신뢰감과 일체감 구축이 무엇보다 중요하다.

요즘 우리나라 사람들이 즐기는 프로야구나 프로축구를 비롯하여 거의 모든 스포츠의 경우를 보더라도 엄연히 구단주가 있지만 경기장에서 뛰는 선수들에게 직접 영향을 미치고 같이 호흡하면서 경기를 승리로 이끄는 사람은 최고 경영자인 구단주가 아니라 실제 경기장에서 선수들과 함께 뛰면서 호흡을 맞추는 감독이다.
영화사에도 엄연히 경영진이나 투자자가 존재하지만 좋은 영화 한 편을 완성하려면 가장 중요한 것은 배우들과 매순간 호흡을 맞추는 감독의 역할이다.

기업의 경우도 대기업이나 중소기업 가릴 것 없이 회장이나 부회장 등 최고 경영진의 경영철학이나 운영방식이 중요하기는 하지만 당장 그 기업에서 생산되는 제품을 최일선에서 판매하여 이익 창출과 기업 가치를 높이는 일등공신은 국내외 지사를 비롯한 영업부서 직원들이라고 할 수 있다.

모든 조직 구성원들 사이에는 역할이나 기여도에 따라 높낮이가 존재하지만 조직 발전을 위해서는 무엇을 담당하든 모든 구성원들이 맡고 있는 역할을 최선을 다해 수행할 수 있도록 여건을 만들어주는 것이 필요하며, 그런 경영 마인드를 가진 최고 책임자야말로 상대방의 마음을 얻을 줄 아는 사람이라 여겨진다.

아시아 대기업
현지 지사장과의 대화

과거 유럽에서 근무할 당시 아들을 아메리칸 스쿨에 보냈는데, 이 학교에는 재력 있는 부모를 둔 현지 학생들도 다녔지만 세계 각국에서 주재국으로 파견 나온 공관원이나 지상사 자녀들이 주류를 이루었다.

필자와 비슷한 연배의 사람들 중에는 어느 정도 공감하는 분도 계시겠지만, 어릴 때에는 학교에 가기 싫어 종종 꾀병을 부리고 친구들과 '땡땡이'를 쳤던 우스운 기억이 있다. 그런데 아들 녀석은 아메리칸 스쿨의 프로그램이 얼마나 재미있었던지 엄마가 혼을 낼 때 가장 무섭게 겁을 주는 말이 "너 이러면 내일 학교 가지 말고 집에 있어야 한다"고 하는 것이었다. 그러면 아이가 기겁을 하고 잘못했다고 싹싹 빌면서 제발 내일 학교에 갈 수 있도록 해달라고 애원하다시피 했다.

아메리칸 스쿨 프로그램이 우리나라 학교 시스템과 달리 뭔가 재미있고 아이들을 학교에 오고 싶게 만드는 것이 있구나 하는 생각이 들면서, 나 같으면 엄마가 학교에 가지 말라고 하면 '오케이' 하면서 좋아 했겠다 하고 혼자 웃고는 했다.

당시 아들과 같은 반에 재학 중인 학생 가운데는 아시아 대기업 현지 지사장의 딸애가 있었는데 그러한 인연으로 인해 그 지사장 가족과 매달 번갈아가며 서로의 집으로 가족을 초대해서 같이 식사하는 관계를 유지했다. 지사장과는 골프모임도 같이 다니며 아주 오래된 친구처럼 친하게 지냈다.

우리집으로 초대할 때는 불고기 등 주로 한정식으로 식사를 했고, 지사장 집에 초대받아서 가면 그 나라 요리를 앞에 두고 즐거운 식사와 함께 다양한 소재의 대화를 나눴다. 같은 동양권에다 한 반에 다니는 애들끼리 친하게 지내고 있어서 주로 애들 키우는 이야기와 양국의 문화나 취미 등이 소재가 되었다.

 그 나라 대기업들의 해외지사 운영 방법이나 기업문화 등에 대해 대화를 나누기도 했는데, 하루는 지사장으로부터 귀가 솔깃한 이야기를 들을 수 있는 기회가 있었다.

 지사장은 현지법인의 책임자로 주재국 전역에 약 400개의 대리점을 운영 중인데, 매년 말 대리점 책임자들을 최고급 호텔로 초청해서 연말 파티를 개최해 오고 있다. 이 행사에 직접 참석하기 위해 본사의 회장이나 부회장 등 최고 경영진이 현지를 방문한다.

 특이한 것은 지사 사무실이나 회장이 투숙하고 있는 호텔에서 회사 식구들끼리 자체 전략회의를 할 때는 목표로 한 영업 실적이 저조할 경우 더 분발하라는 야단을 많이 치더라도, 막상 현지인 대리점 측에서 누군가 동석자가 있을 때는 누가 상관인지 모를 정도로 주인공은 언제나 본사 최고 경영자가 아니라 바로 현지 지사장이 된다는 점이다.

 본사에서 출장 나온 회장이나 부회장은 현지 대리점 측과의 미팅에서는 철저하게 지사장이 모든 것을 결정하는 시스템을 만들어 지사장이 최고 결정권자와 같은 위상을 갖고 있음을 보여줌으로써 현지인 대리점 관계자들이 지사장을 잘 따르도록 만들어준다. 연말 송년파티 행사장에서도 출장을 나온 본사 회장은 그저 병풍이나 그림자와 같은 역할만 한 채 현지 지사장을 최고로 추켜세우는 등 행사의 주인공으로 만든다.

동료·후배 치켜세워 주기

주재국에 출장 나온 본국의 경영진은 당연히 수 백 명이 참석하는 공개행사에서 주인공 역할을 하고 싶었을 것이다. 하지만 며칠 후 자신들은 본국으로 돌아갈 것이고, 여전히 그곳에 남아 회사를 위해 책임지고 일해 줄 사람은 현지 지사장이라는 생각으로 현지 대리점에 대한 통제권이나 리더십을 보장해주기 위해 일종의 자기희생을 한 것이다. 그 나라 회장단의 경영 마인드에 대해 참으로 많은 것이 느껴졌다.

물론 다 그런 것은 아니겠지만 가끔 우리나라의 대기업이나 정부기관 최고위직 인사가 부하직원을 함부로 대하거나 무시하다가 소위 갑질 행위로 고발을 당하는 언론 보도를 접한다. 그럴 때면 이들이 고객을 직접 상대하고 마케팅 최일선에서 뛰고 있는 부하직원들의 노고를 진정으로 이해하고는 있는지, 직원들을 퇴근 후 회식자리에서까지도 여전히 부하직원으로 대하고 있는 것이 아닌지, 그 당시 필자가 얘기를 들었던 바로 그 아시아 대기업 경영진이라면 어땠을지 하는 여러 생각이 들고는 한다.

이후 필자는 본부에서 근무하다가 해외 공관에 업무 출장을 나갈 기회가 자주 있었다. 오랜만에 조우하는 동료·후배들과 식사를 하러 한국 식당을 방문하기도 했는데, 그럴 때는 으레 아시아 대기업 현지 지사장한테 들었던 스토리를 떠올렸다. 그러고는 아무리 후배라고 해도 깍듯이 존중하는 태도를 보이면서 누가 봐도 나이는 필자가 많지만 현지 공관에서 근무하는 후배가 상사이거나 '영향력 있는 대단한 인물'이라는 이미지를 부각시켜 주려고 노력했다.

직장이나 조직에서 부하 직원이나 후배 직원들로부터 존경을 받는 데는 여러 방법이 있겠지만, 적재적소의 장소에서 쇼맨십으로라도 그들의 자존심을 세워주면서 존중만 해줘도 이미 그들의 마음을 얻는 것은 아닐까 생각한다.

03 용서의 묘미

용서는 인간이 행할 수 있는 가장 아름다운 화해라고 말하는 사람도 있지만 적어도 상대방의 마음을 얻을 수 있는 가장 손쉬운 도구인 것은 사실이라고 생각한다. 이 세상에 태어나 수많은 사람들과 마주하며 나름대로의 관계를 유지하면서 살아가다 보면 의도적이든 아니든 상대방에게 상처를 주거나 잘못을 저지르는 경우가 많다. 마찬가지로 상대방으로 인해 상처를 입는 경우도 허다하다. 사람의 성향이나 특성에 따라 남에게서 받은 상처를 쉽게 잊어버리는 유형도 있지만 상처를 절대 잊지 못하고 살아가는 사람도 있다. 한동안 잊어버렸다가도 뜻하지 않은 계기에 다시 떠올라서 그 사람을 미워하는 감정이 증오나 복수심으로 연결되면서 자신의 삶에 큰 장애물이나 어려움으로 작용하기도 한다. 자신과 잘 알고 지냈거나 또 오랜 세월 믿고 의지하면서 절친한 관계를 유지한 사람으로부터 배신이나 상처를 받을 때는 이를 이겨내기가 더욱 어려울 것이다.

용서는 나를 위한 행위

성직자와 선지자들은 상대방으로부터 상처받은 마음을 치유할 수 있는 유일한 방법은 상대방을 용서하라는 것이라고 말한다. 용서라는 개념의 사전적 의미는 '상대방이 지은 죄나 잘못한 것에 대해 꾸짖거나 벌하지 않고 덮어주는 것'이다. 즉, 잘못한 것이나 지은 죄를 벌하기보다는 덮어주는 것이 바로 용서인 것이다.

성경에서도 베드로가 예수님을 찾아가 "나에게 죄를 범한 형제가 있다면 일곱 번이라도 용서를 해야 합니까?" 라고 질문했을 때 예수님께서는 "일흔 번씩 일흔 번이라도 용서를 해야 한다"면서 용서가 반드시 이루어져야 한다고 말씀하신다. 또한 "서서 기도할 때 아무에게나 혐의가 있거든 서로 용서하고 서로 친절하게 하며 불쌍히 여기면서 서로 용서하기를 하나님이 그리스도 안에서 너희를 용서하심과 같이 하라"는 말씀을 통해 자신에게 잘못을 저지른 상대방을 용서하라는 메시지를 전하고 있다. 이는 나를 화나거나 힘들게 하는 상대방에 대해 미움이나 분노가 생길 때 마음 속에 분을 품고 미움을 갖기보다는 그 사람을 용서하라는 뜻이라고 생각된다.

그러나 우리는 인간이기에 자신에게 잘못한 상대방을 무조건 이해하고 용서하라는 말을 쉽게 따를 수 없다. 오히려 "당신이 한 번 당해보면 그런 말을 그렇게 쉽게 하지는 못할 것"이라면서 그 인간이 나한테 한 일을 절대 용서할 수 없다고 용서를 권하는 상대방을 비웃는 사람도 있을 것이다.

필자가 아는 교수님 한 분은 "우리가 세상을 살아가면서 나에게 잘못을 저지른 사람에 대해 반드시 용서를 해야만 할 이유가 있다"면서 "무엇보다도 용서는 상대방을 위해서라기보다 나 스스로를 위한 것이기 때문"이라고 하신다.

상대방이 스스로 잘못한 것을 알고 있을 때도 있지만 때로는 어떤 잘못을 했는지 알지 못할 수 있으며, 내가 그 사람으로 인해 고통 받고 힘들어하면서 미워하거나 증오하는 걸 전혀 모를 수도 있다. 상대방이 어떠한 잘못을 저질렀는지 알고 있더라도 이에 대해 전혀 생각하지 않고 나 혼자만 고통을 받는다면 이처럼 억울하고 비참한 일이 없을 것이다. 그래서 내 마음의 평화와 행복을 누리기 위해 상대방을 용서해야 한다.

또한, 과거에서 벗어나 현재와 미래를 살아가기 위해서도 상대방을 용서해야 한다. 상대방이 나에게 잘못한 것은 이미 과거에 발생한 일로 이러한 과거의 일들에 집착하다보면 나를 힘들게 만들어 결과적으로 과거에 머물고 집착하게 되고, 현재나 미래를 살아가기 더 힘들다. 그렇기 때문에 용서를 해야 한다.

교수님은 '내가 용서를 받기 위해서라도 상대방을 용서해야 한다'는, 필자가 공감하는 또다른 말씀도 해주셨다. "상대방이 나에게 잘못을 할 수도 있지만 세상을 살아가다보면 나도 다른 상대방에게 잘못을 할 수 있어 내가 용서하지 않으면 스스로를 용서할 수 없다. 역지사지로 생각해서 상대방을 먼저 용서해야 내가 누군가에게 잘못을 저지르더라도 용서받을 수 있으며, 나 자신의 행복하고 편안한 미래를 살아가기 위해 상대방을 용서해야 한다. 용서는 상대방이 중요한 것이 아니라 나를 위해서 중요하다"는 내용이다.

누군가를 용서한다는 것은 그를 위해 용서한다는 것도 되지만 결국은 내 가슴 속의 아픈 응어리가 된 상처덩어리를 도려내고 새살과 같은 새로운 삶을 살 수 있도록 기회를 만들기 위한 것이다. 그렇기 때문에 용서를 해야 하며 상대를 용서하지 못하면 내 속에서 어둠이 되어 영원히 우리를 괴롭힐 것인만큼 스스로를 경계해야 한다.

사례 1.
화를 참는 '엄청난 비결'

필자가 직장 생활을 막 시작했을 때 같은 사무실에서 일을 배우고 또 개인적으로 잘 따르며 퇴근 후 술자리도 자주 가졌던 선배 한 분이 계셨다.

  다른 상사와 달리 후배 직원들이 간혹 업무적으로나 사적으로 비교적 큰 실수나 잘못을 저질러도 절대 즉흥적으로 화를 내거나 하지 않는 분이셨다. 필요한 경우에는 다음날 조용히 불러 잘못을 지적하셨다. 후배 직원들이 보기에도 너무나 눈에 띄는 큰 잘못이어서 그 선배가 곤욕을 치를 수 있는데도, 다른 사람들 같으면 분명히 불같이 화를 내거나 책임을 떠넘겼을 테지만 아무 일도 없는 것처럼 그냥 넘겨버리는 그런 타입이었다.

  한번은 그 선배와 같이 저녁을 먹는 기회에 다른 사람들과 달리 어떻게 후배나 상대의 잘못을, 그것도 결정적인 큰 실수를 범해도 그냥 넘길 수 있는지 여쭤본 적이 있었다. 그 선배는 원래 자신이 다혈질에다 성질이 급해서 실수를 많이 했는데 가족과 약속한 바가 있어 상대방이 잘못이나 실수를 하는 상황이 벌어지면 절대로 그 순간에 큰 소리를 지르거나 화를 내지 않고 무조건 그날은 화를 삭이면서 일단 상대방을 용서한다고 한다. 자신과 약속한 대로 딱 하루가 지나서 다시 그 상황을 재연해보고 필요하다면 그때 화를 내기로 맹세했다며 별것 아닌 것처럼 '엄청난 비결'을 설명해주었다.

이후 필자도 쉽지는 않았지만 후배들과 함께 일하면서 때때로 그 선배를 떠올리며 상대방을 용서하는 멋을 부렸다.

사례 2.
카지노에 빠진 후배

미국에서 근무할 때 고향이 같은 학교 후배를 알게 되어 개인적으로 각별한 친분을 나눈 적이 있다. 당시 그 친구는 유학생 신분이라서 모든 게 부족하고 아쉬울 것으로 여겨져서 틈날 때마다 식당으로 불러 밥을 사주는 등 친형 같이 잘 대해주었다.

나이 차이가 너무 많이 나서 고향에서나 학교에서 서로 추억할 만한 일은 거의 없었지만, 이 친구가 타고난 심성이 착한데다 붙임성도 좋고 해서 주말이나 휴일에는 수시로 집에 초대해서 가족들과 같이 식사를 하는 등 정말 친동생이나 조카처럼 대해주면서 정을 주었다. 간혹 한국 지자체나 공공단체의 방문이 있을 때면 용돈이라도 벌라고 아르바이트 자리를 주선해주고, 필자의 개인 업무를 도와주도록 명분을 만들어서 용돈도 주곤 했다.

그러던 중 이 친구가 필자를 찾아와 다른 지방의 대학원 박사과정에 입학하게 될 것 같다는 설명과 함께 급하게 쓸 데가 있어 체면 불고하고 부탁한다면서 급전을 빌려줄 것을 간곡히 요청했다. 원래 친한 사람들과의 금전 거래는 하지 말라는 교훈은 차치하고라도 한창 돈 들어가는 애들 뒷바라지를 하다 보니 필자로서도 그렇게 여유 있는 편은 아니었다. 하지만 오죽하면 나한테 저러겠냐 싶어 아내 몰래 숨겨두었던 비상금을 털어 돈을 빌려주었다. 그 친구는 필자가 오래전부터 소장하면서 틈날 때마다 읽고 또 읽고 하는 고전 몇 권도 함께 가져가면서 책을 다 읽을 때까지는 무슨 일이 있어도 돈을 갚겠다고 했다.

그렇게 헤어졌는데 이후 몇 달 동안 업무로 바빠서 잊어버리고 있다가 갑자기 전화 한통도 없는 것이 이상하다는 생각이 들어 수차례나 반복해서 전화를 했지만 통 받지를 않았다. 설마 돈 때문에 그런 건 아니고 무슨 좋지 않은 일이라도 생기지 않았는지 걱정도 되고 해서 계속 전화 연락을 시도했지만 끝내 감감무소식이었다. 그러고도 수개월이 지나도록 연락이 없어서 실망도 참 많이 하고 섭섭함과 배신감에 며칠 잠을 설치기도 했다.

 그런 후배를 둔 필자 스스로가 부끄럽기도 해서 아내에게까지 말을 하지 못하고 혹시 안부를 물으면 '다른 지역에서 건강하게 학교에 잘 다니고 있다', '가끔 전화가 온다'고 거짓말을 하기도 했다. 그러고는 나중에 언젠가는 찾아오겠지 하고 억지로 위안하면서 그 친구와의 일을 모두 잊어버리기로 했다. 어찌 보면 그 방법 외에 필자가 달리 취할 수 있는 방도가 없기도 했다. 앞서 말한 직장 선배가 가르쳐 준 대로 그 친구를 용서하기로 마음먹고는 깨끗이 그 친구에 대한 섭섭함이나 나쁜 감정을 털어내 버렸더니 의외로 마음이 한결 가볍고 평온하기까지 했다.

 한국으로 귀임했다가 또 한 번 다른 지역에서 근무를 마친 후 서울에서 근무하던 때니까 상당히 오랜 세월이 지난 어느 날 그 친구가 먼저 전화 연락을 해와서 저녁식사를 같이 했다. 그 친구는 예전에 빌려간 필자가 아끼는 서적과 함께 미리 준비한 하얀 봉투를 내밀면서 "이자를 조금 많이 붙였습니다" 하고 너스레를 떠는 것이었다.

 모든 걸 용서한 상태라 아무 불편한 기색 없이 반갑게 맞이하고는 그때 전화 통화가 두절되면서 서로 연락이 끊겼던 사연에 대해 물어보았다. 그 친구는 당시 일시적으로 카지노에 빠져 필자

외에도 주변 친구들에게 여기저기 돈을 빌렸는데 어쩌다보니 제때 갚지를 못하고 타 지역으로 떠났다면서 나중에는 그동안 잘해준 필자에게 미안하기도 하고 솔직히 돈도 궁해 타이밍을 놓치는 바람에 연락을 할 수가 없었다고 한다.

  듣고 보니 거짓이 아니라 모두 사실같았다. 사회생활을 하다보면 누구나 겪을 수 있는 경우로, 어쩌다 친구나 지인의 경조사 등 인사를 꼭 드려야 하는 사이인데도 바쁜 일로 까먹거나 적절한 타이밍을 놓치는 바람에 나중에는 무안해서 연락을 못하고 속으로 미안함으로 끙끙 앓다가 보면 세월이 한참 지나버리는 그런 경우였던 것 같아 일면 이해가 되기도 했다. 그나마 자기에게 베풀어 준 필자의 정을 잊지 않고 뒤늦게나마 주변 동창들을 통해 연락처를 수소문해서 다시 찾아와 준 것만으로도 그 친구에 대한 인간적 정을 느낄 수 있었고, 상대방의 실수나 잘못을 용서해주는 조그만 멋도 부릴 수 있었다.

  그날 이후 지금까지도 그 친구와는 서울에서 수시로 만남을 가지며 우정을 이어가고 있다. 현재 누구나 부러워하는 좋은 직장에서 중견으로 근무하고 있는 그 친구는 당시 오랫동안 연락을 못하고 있던 자신을 무던히 기다려준 선배에게 감사한다면서 평생 술값은 자기 차지라고 했는데, 지금까지 그 약속을 잘 지키고 있는 편이다. 그 친구가 나중에 이 책을 읽게 된다면 자신의 실명을 거론하지 않고 익명으로 처리해준 데 대해 아주 고마워할 것이다.

  필자와 유사한 경험을 한 분들도 많을 것 같은데, 자신에게 잘못이나 실수를 저지른 상대방을 참고 기다린 끝에 용서함으로써 우리 인생에서 얻을 수 있는 것이 참 많다는 것을 깨달은 계기였다.

사례 3.
술 때문에 약속을 어긴 지인 아들

공교롭게도 그 친구와 해프닝이 있었던 비슷한 시기에 오래전부터 알고 지내던 지인이 서울에서 연락을 했다. 아들이 필자가 거주중인 도시에 소재한 대학에서 공부를 하고 있다면서 외동인데다 아직 병역도 미필 상태라 혹시라도 현지 적응에 문제는 없는지 잘 돌봐 달라는 것이었다.

  비슷한 또래의 아들을 둔 데다가 잘 아는 지인의 부탁이고 해서 그날 바로 연락을 취하고는 얼마 뒤 그 아들을 만났다. 부모의 재력이 비교적 넉넉한 편이어서 그런지 대학에 다니고 있는 유학생 신분인데도 독일제 고급 승용차를 끌고 다니며 꽤 비싼 동네 아파트에 살고 있었다. 서울의 부모가 염려하는 것보다는 밝고 사교적인 성격에다 겉모습으로는 현지 생활에 잘 적응하면서 매사에 아주 만족해하는 모습이 역력했다.

　자기 아버지와의 친분관계를 알고 나서는 필자를 잘 따르는 데다 성격도 쾌활하고 해서 그날 이후 주말이나 휴일 등 기회가 닿을 때 가끔씩 집으로 불러 밥도 먹이고 앞으로의 진로에 대한 상담도 해주곤 했다. 마침 그 학생이 다니고 있는 대학에 필자와 예전부터 잘 알고 지내는 교수가 재직하고 있어 여러 모로 도움이 될 것 같아 만남을 주선해 주면서 장래 진학지도나 학교생활에 따른 애로사항이 있을 때 선처해 주도록 부탁하기도 하는 등 나름대로 성의를 다해 잘 대해주었다.

　그렇게 서로 좋은 사이로 지내던 어느 날, 그 친구를 데리고 집에서 식사를 하고 있는데 국내 대기업 임원으로 근무 중인 친구한테서 연락이 왔다. 출장을 앞두고 개인적으로 필요하다며 필자가 거주 중인 도시의 특정 공공장소 내부 사진자료와 그외 부가적인 몇 가지를 찾아 가능한 한 빨리 알려달라고 부탁하는 내용이었다.

　식사 도중 통화내용을 들은 그 친구는 필자가 부탁을 하지 않았는데도 먼저 나서서 "그 곳은 제가 살고 있는 동네라서 수시로 방문해 잘 알고 있습니다" 라고 하면서, 누구라도 간단히 처리할 수 있는 단순 업무니까 자신이 해야 할 일을 설명해주면 다음날 오전 중 필요한 사항들을 완벽하게 처리해서 오후에 사무실로 갖고 오겠다고 말하는 것이었다.

그렇지 않아도 여러 가지 미리 잡혀져있는 약속들과 처리해야 할 일들로 시간을 내기가 어려웠던 상황이었는데 그 친구가 스스로 일을 도와주겠다고 해서 얼마나 대견스럽고 고마웠는지 모른다. 필자는 다음날 오전에 그 친구가 해야 할 일을 상세히 설명해 주고 오후에 사무실에서 만나기로 약속을 하고선 용돈이라고 표현했지만 마음 속의 고마움에다가 수고비를 더한 약간의 돈도 쥐어주었다. 그 친구는 "그동안 너무나 잘해주셨는데 이렇게라도 도움이 될 수 있는 보은의 기회를 갖게 돼서 오히려 감사하고 즐겁다"면서 의기양양 집으로 돌아갔다.

그런데 문제가 생겼다. 다음날 오후 늦게까지 기다려도 그 친구가 나타나지 않은 것이다. 혹시 무슨 사고가 난 건지, 아니면 밤새 병이라도 났는지 걱정이 되기도 하고, 필자가 부탁한 사항을 처리하지 못했으면 오랜만에 부탁을 해온 친구한테 미안하고 체면을 구길 거라는 생각이 들기도 했다. 그래서 우선 상황이라도 파악해야겠다는 마음에서 계속 전화를 했지만 전혀 응답이 없었다. 하는 수 없이 밤에 그 친구가 살고 있는 아파트를 찾아갔는데 초인종을 누르고도 한동안 인기척이 없어서 정말 무슨 큰 사고가 발생했다는 불안감이 엄습했다. 어쩔 줄 몰라 생각을 가다듬으며

서 있는 순간 그 친구가 문을 열고 나왔다. 한눈에 봐도 밤새 술을 마시고 하루 종일 굶고 자다가 막 자리에서 일어난 그런 몰골이었다.

  필자가 여러 복잡한 생각들로 아무 말도 하지 못하고 머뭇거리고 있으려니까 이 친구는 죄송하다면서 전날 밤 귀가길에 서울에서 같이 공부하러 온 유학생 친구를 만나 거의 밤을 새우며 술을 마시는 바람에 정신을 잃고 하루 종일 누워 있다가 방금 전 초인종 소리에 깼다고 설명하는 것이었다. 순간 화가 머리끝까지 났지만 이맘때 나이면 충분히 그럴 수도 있겠다는 생각이 들어 아무 말도 하지 않고 그 자리를 떠났다. 그러고는 이 친구가 오전 중 처리해 주기로 철석같이 약속한 장소로 바로 달려가서는 늦게나마 필자에게 주어진 '미션'을 완성하느라 그날 밤을 꼬박 새웠다.

  다음날 그 친구가 사전에 연락도 없이 새벽같이 필자의 사무실을 찾아와서는 거의 무릎을 꾼 자세로 전날 있었던 자신의 실수와 잘못에 대해 용서를 구했다. 필자는 그 때까지도 화가 풀리지 않아 속으로 울화통이 치밀어 올랐지만 어린 친구가 자신의 잘못을 진정으로 뉘우치면서 사과하는 모습을 보니 우습기도 하고 또 너무나 대견스러워 한참 동안을 다독거려 주었다. 그러면서 "이번의 실수가 앞으로 살아가는데 참으로 좋은 교훈이 돼서 두 번 다시 똑같은 실수를 저지르지 않으면 그것으로 족하다"고 말하고 마음에서 우러나는 진정한 용서를 해주었는데 스스로도 그렇게 기분이 흡족할 수 없었다.

　만일 그 친구가 실수를 저지른 그날 이후 연락을 해오지 않았더라면 아마도 서로가 영원히 볼 일이 없었을 지도 모르겠다. 그날 필자를 찾아와 서로 진정한 용서와 화해를 나눈 덕분에 지금도 이 친구는 자기 아버지만큼 필자를 잘 따르면서 의연한 젠틀맨으로 이 세상을 멋지게 잘 살아가고 있다.

04
때로는 정공법으로 나가는 것도 필요

누군가를 만날 때 상대방의 진심이나 속내를 알아낼 수만 있다면 참으로 편할 것이다. 하지만 사람을 상대하다보면 가장 어려운 점이 그 사람의 속내를 정확히 알 수 없다는 점이다.

아무리 복잡한 기능을 갖고 있는 컴퓨터나 기계라고 하더라도 어차피 사람이 만든 것이다 보니 전문가나 프로그래밍 구성 과정에 참여했던 제작자라면 그 안에 내재되어 있는 히스토리나 기능을 파악해내는 것이 그리 어려운 작업이 아닐 것이다. 이와 달리 사람의 마음이라는 것은 눈으로 보이는 것이 아니고, 컴퓨터 데이터처럼 분석이 가능한 것도 아니라서 상대방의 마음을 읽는다는 것은 정말 어려운 일이다.

 수사기관 관계자들이 범인을 색출한다거나 상대를 두고 법정 소송을 벌이고 있어 서로 편하지 않은 입장에서는 상대의 마음을 알아내기 더욱 힘들 것이다. 우리에게 잘 알려진 콜롬보 형사나 수사 실화를 다룬 『형사반장』같은 드라마에서 마지막으로 밝혀진 범인은 극 초반에 많은 시청자들이 예견하거나 지목한 사람이 아니라 전혀 엉뚱한 사람인 경우만 봐도 사람의 심리 상태를 알아내는 것은 참으로 어렵다.

 해외 생활을 하다보면 필연적으로 다양한 지역 출신의 우리나라 사람들과 많이 만나게 되는데, 비즈니스 관계 같은 것으로 엮이는 상황에서는 서로 상대방의 속내를 알 수 없어 많이 힘들어하기도 한다.

 겉으로 봐서는 멀쩡하고 한없이 친절한데다 특히 우리나라 사람들이 많이 따지고 영향을 받는 '같은 고향 출신'이라고 하는 사람들이 사기를 치거나 속이려고 들면 그 진위를 가려내기가 더욱 어렵다. '외국에 나가면 한국 사람들을 경계해야 하며, 특히 고향 사람들을 더 조심해야 한다'는 말이 그래서 나왔을 것이다. 해외에서 마주치고 인연을 맺는 동포들 중에는 다 좋은 사람만 있는 것이 아니라 동포를 속이는 나쁜 사람도 많다는 것은 외국에서 오랫동안 생활한 경험이 있는 사람이라면 어느 정도 공감하는 부분이라 여겨진다.

베를린 민박집에서 사라진 돈

동유럽에서 유학할 당시 우리나라 방문객이나 관광객이 거의 없어서인지 현지에는 변변한 한국 식당이 없었고 한국 음식 식재료를 판매하는 한국식품점도 없었다. 그래서 그곳에 거주하고 있던 한인들은 대부분 독일이나 오스트리아 등 한인들이 많이 상주하는 인근 서유럽 국가의 한국 식품점에 가서 고추장이나 식재료 등 생필품을 구입해야 했다.

  필자는 당시 젖먹이 아기를 키우고 있던 터라 여행을 겸해 평균 두세 달에 한 번 정도 베를린을 방문해서 아기용품과 한국 식품을 잔뜩 구입하곤 했다. 주재국에 비해 모든 분야에서 독일의 물가가 비싸서 가능한 한 호텔이나 모텔에 투숙하지 않고 한국 사람이 비공식적으로 운영하는 민박집을 이용했다.

  마침 베를린에 있는 한국 식품점의 소개로 민박집을 둘러보았는데 그럭저럭 시설이 좋은데다 주인 부부가 필자와 동향이라서 그런지 유달리 잘 대해주었다.

방이 다섯 개나 딸려있는 주택에 주인 부부가 쓰고 있는 방을 제외하고는 통상 한국에서 출장 나온 사람들이나 인근 국가에서 베를린을 여행 중인 사람들이 이용하는 것 같았다. 그 민박집에서는 아침에 커피와 빵 등 간단한 식사까지 제공해 줘서 경제적으로 그리 넉넉지 못한 형편에서 돈을 절약하고자 하는 우리 유학생들이 이용하기에는 안성맞춤으로 보였다.

필자는 앞으로 베를린을 방문할 때는 사전에 그 민박집에 예약을 하고 늦은 오후나 밤에 도착해서 잠을 자고, 이튿날 아침 식사를 한 후 베를린 시내 한국 식품점 등 볼일을 보고 나서 바로 주재국으로 돌아가기로 마음먹었다.

필자 부부가 그 민박집을 이용한 첫날 밤 바깥 어르신은 고향 출신이고 해서 그런지 젊은 사람이 생활 환경이 좋지 않은 동유럽에서 공부하느라 고생이 많다고 위로해 주면서 술도 한잔 권하는 등 친척 아저씨 같이 잘 대해주었다. 그렇게 그 민박집에서 하루를 잘 보내고 주재국으로 돌아왔다.

그런데 보통 두세 달에 한번 꼴로 인근 서유럽을 방문해 온 아내가 웬일인지 한 달 정도 지났을 뿐인데 베를린에 또 가자고 졸라대는 것이었다. 그것도 꼭 지난번 우리가 묵었던 그 민박집을 꼭 이용해야 한다고 했다. 젖먹이 아기가 있어 필요한 물품이 있어서 그러려니 하고 얼마 후 베를린에 있는 민박집에 예약을 해

놓고 독일을 방문했다.

　일생일대에 두 번 다시 발생하지 않을 것 같은 '사건'은 다음날 아침에 일어났다. 민박집 다이닝룸에서 주인아주머니가 차려주신 커피와 빵으로 아침을 먹고 있던 도중 아내가 갑자기 필자에게 우리가 머물고 있는 방으로 가서 지갑이 그대로 있는지, 지갑 속에 독일에서 쇼핑할 때 사용하려고 미리 환전해온 마르크화와 달러화가 제대로 잘 보관되어 있는지 한번 확인해 보라는 것이었다.
　아무런 영문도 모르는 필자는 아내에게 "무슨 일이 있었는지 모르겠지만 사람을 의심하면 안 되며, 특히 지난번 처음 숙박했을 때 친척분들 같이 환대해주던 민박집 주인의 성향을 보고도 그런 의심을 하느냐"며 엄청 화부터 냈다. 아내는 필자에게 제발 소원이니까 한번만 자기가 원하는 대로 해달라고 거의 애원하듯 말하는 것이었다.

　하는 수 없이 필자는 우리가 머물고 있는 방에 가서 뒷주머니에 넣어둔 지갑을 확인했다. 그랬더니 조금 전까지만 해도 있던 지갑이 보이지 않았다. 필자를 놀리려고 장난을 치는 줄 알고 다시 식사 테이블로 돌아온 필자는 웃으면서 아내에게 '지갑이 없던데 어디 안전한 곳에 보관했느냐'고 물어보았다.

그러자 아내는 얼굴이 상기되고 다소 흥분한 상태로 "사실은 지난번 이 집에 숙박하고 나서 지갑을 잃어버렸는데 자동차 내부 등을 아무리 찾아도 없었다"고 하면서 이번에 민박집에 오면 주인 아주머니가 "새댁, 지난번에 지갑을 두고 갔던데 잘 보관하고 있어요"라는 말을 해줄 것을 기대하고는 여느 때와 달리 조금 일찍 베를린을 방문하자고 한 것이라고 설명하는 것이었다. 그러면서 우리가 아침을 먹는 사이 아주머니가 우리가 사용 중인 방으로 들어가는 낌새가 느껴졌는데 오늘도 아주머니가 지갑에 손을 댄 것으로 보인다고 말했다.

이러한 상황을 전혀 상상조차 하지 못했던 필자는 그제서야 사태를 파악하고는 다시 방으로 가서 바지 뒷주머니를 확인했다. 그랬더니 희한하게도 조금 전에는 없었던 지갑이 바지주머니에 그대로 들어있었다.

혹시나 하는 마음으로 지갑 속의 화폐를 확인했더니 마르크화를 넣어둔 곳에서 300마르크가, 그 뒷쪽의 달러화를 따로 넣어둔 곳에서 300달러가 빠져나갔음을 확인할 수 있었다. 순간 아주머니가 지갑을 통째로 가져가지는 않고 그 안에 있는 화폐 중 일부를 빼돌리는 수법으로 나쁜 짓을 했음을 직감할 수 있었다.

필자는 아내를 조용히 방으로 불러서는 "아무래도 지난번 머물렸을 때 아기 가방 속에 넣어둔 우리 두 사람의 지갑에서 일부를 아주머니가 오늘처럼 손을 댄 것 같은데, 달리 방법이 없으니 최고급 호텔에서 투숙한 셈 치고 조용히 떠나고 앞으로는 이 집을 이용하지 않는 것이 좋겠다"고 제의했다.

그랬더니 아내는 70대 이민 부부로 경제적으로도 어느 정도 안정된 생활을 하고 있는데다 필자와 동향 분들이라서 많이 좋아하고 믿었고, 그래서 이번에 방문하게 되면 지난번에 실수로 떨어뜨리고 간 자기 지갑을 보관하고 있다가 반갑게 돌려줄 것을 내심 기대했다면서 이대로 도저히 묵과할 수는 없다고 말했다.

필자의 상식으로는 만일 우리가 주인아주머니에게 모든 사실을 말하면서 지난번에 가져간 아내의 지갑과 이날 아침에 빼내간 돈을 돌려달라고 했다가는 그런 사실이 없다고 하는 것은 물론 펄쩍 뛰면서 '헐값에 방을 빌려주었더니 젊은 친구들이 멀쩡한 사람을 도둑으로 몬다'며 노발대발 할 것이 눈에 선하고, 다음에 이어질 여러 장면들이 그려졌다.

그래서 대응 방안을 놓고 잠시 생각에 잠겨있는데 갑자기 아내가 방문을 열고 나가서는 "아주머니, 지난번 훔쳐간 내 지갑과 방금 전 애기아빠 주머니에서 빼내간 돈 돌려주세요" 라고 말했다. 그랬더니 아주머니는, 사실 생각지도 못했는데, 순순히 "죄송합니다. 지난번에는 지갑에 손을 댄 적이 없고 오늘 아침에 가져간 돈은 여기 있습니다" 하고 돈을 내주는 것이었다.

　필자는 주인아주머니와 마주앉아 "자식 뻘 되는 유학생이 돈을 아끼려고 호텔 대신 한국분이 운영하는 민박집에 들렀는데 이러한 상황이 발생하리라곤 상상도 못했으며 너무 놀라고 실망스럽다"고 면박을 주었다. 아주머니는 "도벽이 있어 그런 거니 정말 미안한데, 바깥양반이 아시면 나를 죽이려고 할 테니까 제발 조용히 사건을 마무리해 주면 좋겠다"고 읍소하고는 눈물까지 흘리면서 사과했다.

　당시 필자는 사람이 세상을 살아가다보면 누구나 다 실수를 할 수 있는 것이고, 나 또한 앞으로 의식적이건 무의식적이건 누구에겐가 실수나 잘못을 저지를 수도 있는 만큼 연세도 있으신 분이 그토록 사과하고 참회하시는 것이 오히려 안쓰럽다는 생각을 하면서 마냥 억울해 하는 아내를 데리고 조용히 그 민박집을 나왔다. 외국에서 생활하면 가끔은 현지인보다 한국인을 더 조심해야 한다는 말이 괜히 나온 말이 아니라는 것을 절감한 순간이라 씁쓸하기도 했다.

　나중에 독일 현지에 있는 지인에게서 들은 바에 의하면 그 아주머니께서는 도벽이라고는 하나 그 민박집을 이용하는 한국인들을 상대로 계속 필자에게 저질렀던 행위와 유사한 절도행각을 이어가다 결국 발각되어 더 이상 그 도시에서 살지 못하고 다른 지방으로 이사를 했다고 한다. 도벽을 병이나 질환의 일종으로 보는 시각도 있지만 그 아주머니는 젊은 시절 먼 이국에서 남편과 만나 평생 살아오면서 삶의 터전을 이룬 베를린에서 더 이상 살아가지 못하고 결국 작은 도둑이라는 오명을 남기고는 한인사회에 흔적조차 남기지 못한 채 사라진 것이다.

사람의 마음을 얻고자 해도 상대방의 태도나 자세에 따라 뜻대로 이루어지지 않을 수도 있다. 이론이나 상식에 맞지 않고 때로는 말도 안 된다는 소리를 듣더라도 가끔씩은 정공법을 써야 할 때도 있다는 것을 처음으로 깨달은 경험이었다.

상대방의 마음을 얻을 수 있는 네 가지 비법
단지 담배 한 모금 참았을 뿐인데

1판 2쇄 발행 2023년 9월 15일

지은이   박재휘
펴낸이   유영택
펴낸곳   도서출판 니어북스
등 록   제2020-000152호
주 소   서울시 송파구 거마로 29
전 화   02-6415-5596
팩 스   0503-8379-2756
블로그   blog.naver.com/nearbooks
ISBN   979-11-977801-3-4

* 이 책의 전부 또는 일부 내용을 재사용하시려면 사전에 저작권자와
  도서출판 니어북스의 동의를 받아야 합니다.
* 잘못된 책은 구입하신 서점에서 바꾸어 드립니다.
* 정가는 뒤표지에 있습니다.

니어북스는 독자 여러분의 소중한 원고를 환영합니다.
언제든 이메일(nearbooks@naver.com)로 문의 주세요.